Dr. Wilhelm Plankl

Parthenios

Liebesleiden

Griechisch und deutsch

Verlag der Ringbuchhandlung, A. Sexl, Wien

Die Abbildung auf dem Schutzumschlag zeigt
ein Relief aus dem Thermenmuseum in Boston:
Eros, Leid und Freud bringend.

1. Auflage 1947

Druck von Adolf Holzhausens Nfg., Wien

Dr. Ernst Heimeran

in herzlicher Freundschaft

ΠΑΡΘΕΝΙΟΣ ΚΟΡΝΗΛΙΩΙ ΓΑΛΛΩΙ ΧΑΙΡΕΙΝ

Μάλιστα σοὶ δοκῶν ἁρμόττειν, Κορνήλιε Γάλλε, τὴν ἄθροισιν τῶν ἐρωτικῶν παθημάτων ἀναλεξάμενος ὡς ὅτι μάλιστα ἐν βραχυτάτοις ἀπέσταλκα. Τὰ γὰρ παρά τισι τῶν ποιητῶν κείμενα τούτων, μὴ αὐτοτελῶς λελεγμένων, κατανοήσεις ἐκ τῶνδε τὰ πλεῖστα· αὐτῷ τε σοὶ παρέσται εἰς ἔπη καὶ ἐλεγείας ἀνάγειν τὰ μάλιστα ἐξ αὐτῶν ἁρμόδια. Διὰ ⟨δὲ⟩ τὸ μὴ παρεῖναι τὸ περιττὸν αὐτοῖς, ὃ δὴ σὺ μετέρχῃ, ⟨μὴ⟩ χεῖρον περὶ αὐτῶν ἐννοηθῇς· οἰονεὶ γὰρ ὑπομνηματίων τρόπον αὐτὰ συνελεξάμεθα, καὶ σοὶ νυνὶ τὴν χρῆσιν ὁμοίαν, ὡς ἔοικε, παρέξεται.

ι. Περὶ Λύρκου

['Η ἱστορία παρὰ Νικαινέτῳ ἐν τῷ Λύρκῳ καὶ 'Απολλωνίῳ 'Ροδίῳ Καύνῳ]

'Αρπασθείσης 'Ιοῦς τῆς 'Αργείας ὑπὸ ληστῶν ὁ πατὴρ αὐτῆς "Ιναχος μαστῆράς τε καὶ [ἐρευνητὰς] ἄλλους καθῆκεν, ἐν δὲ αὐτοῖς Λύρκον τὸν Φορωνέως, ὃς μάλα πολλὴν γῆν ἐπιδραμὼν καὶ πολλὴν θάλασσαν περαιωθεὶς τέλος, ὡς οὐχ εὕρισκεν, ἀπεῖπε τῷ καμάτῳ· καὶ εἰς μὲν "Αργος δεδοικὼς τὸν "Ιναχον οὐ μάλα τι κατήει, ἀφικό-

PARTHENIOS
AN CORNELIUS GALLUS

Ich widme Dir, lieber Cornelius Gallus, (da Du sie vermutlich recht gut brauchen kannst), die Sammlung von den Leiden der Liebe, die ich möglichst gedrängt zusammengestellt habe. Du wirst nämlich die betreffenden Motive, die sich bei einigen Dichtern finden, die aber keine selbständige Darstellung erfahren haben, dadurch wesentlich besser verstehen: Deine Aufgabe wird es sein, das, was sich davon besonders eignet, zu Epen und Elegien umzudichten. Wenn den Erzählungen auch die hohe künstlerische Form, die Du beherrschst, mangelt, so urteile nicht gering darüber; ich habe sie ja nur in Form von kurzen Notizen gesammelt, Dir werden sie ja doch nun hoffentlich einigen Nutzen bringen.

1. Lyrkos

[nach Nikainetos im „Lyrkos" und Apollonios aus Rhodos im „Kaunos"]

Als Jo aus Argos von Räubern entführt worden war, schickte ihr Vater, Inachos, Späher und andere [Kundschafter] aus, unter ihnen auch den Lyrkos, den Sohn des Phoroneus; als er viel Land durchstreift und viele Meere durchquert hatte, gab er, da er sie nicht fand, endlich das Suchen auf. Aus Furcht vor Inachos kehrte er aber nicht mehr nach Argos zurück, sondern heiratete, zu Aigialos nach Kaunos

μενος δὲ εἰς Καῦνον πρὸς Αἰγίαλον γαμεῖ αὐτοῦ τὴν θυγατέρα Εἰλεβίην. Ἔφασαν γὰρ τὴν κόρην ἰδοῦσαν τὸν Λύρκον εἰς ἔρωτα ἐλθεῖν καὶ πολλὰ τοῦ πατρὸς δεηθῆναι κατασχεῖν αὐτόν· ὁ δὲ τῆς τε βασιλείας μοῖραν οὐκ ἐλαχίστην ἀποδασάμενος καὶ τῶν λοιπῶν ὑπαργμάτων γαμβρὸν εἶχεν. Χρόνου δὲ πολλοῦ προϊόντος, ὡς τῷ Λύρκῳ παῖδες οὐκ ἐγίνοντο, ἦλθεν ὡς Διδυμέως χρησόμενος περὶ γονῆς τέκνων, καὶ αὐτῷ θεσπίζει ὁ θεὸς παῖδας φύσειν, ᾗ ἂν ἐκ τοῦ ναοῦ χωρισθεὶς πρώτῃ συγγένηται. Ὁ δὲ μάλα γεγηθὼς ἠπείγετο πρὸς τὴν γυναῖκα, πειθόμενος κατὰ νοῦν ἂν αὐτῷ χωρήσειν τὸ μαντεῖον. Ἐπεὶ δὲ πλέων ἀφίκετο εἰς Βύβαστον πρὸς Στάφυλον τὸν Διονύσου, μάλα φιλοφρόνως ἐκεῖνος αὐτὸν ὑποδεχόμενος εἰς πολὺν οἶνον προετρέψατο, καὶ ἐπειδὴ πολλῇ μέθῃ παρεῖτο, συγκατέκλινεν αὐτῷ Ἡμιθέαν τὴν θυγατέρα. Ταῦτα δὲ ἐποίει προπεπυσμένος τὸ τοῦ χρηστηρίου καὶ βουλόμενος ἐκ ταύτης αὐτῷ παῖδας γενέσθαι. Δι᾽ ἔριδος μέντοι ἐγένοντο Ῥοιώ τε καὶ Ἡμιθέα αἱ τοῦ Σταφύλου, τίς αὐτῶν μιχθείη τῷ ξένῳ· τοσοῦτος ἀμφοτέρας κατέσχε πόθος. Λύρκος δὲ ἐπιγνοὺς τῇ ὑστεραίᾳ, οἷα ἐδεδράκει, καὶ τὴν Ἡμιθέαν ὁρῶν συγκατακεκλιμένην, ἐδυσφόρει τε καὶ πολλὰ κατεμέμφετο τὸν Στάφυλον ὡς ἀπατεῶνα γενόμενον αὐτοῦ· ὕστερον

gekommen, dessen Tochter Heilebie. Das Mädchen soll sich auf den ersten Blick in Lyrkos verliebt und seinen Vater inständig gebeten haben, jenen zum Bleiben zu bewegen; Aigialos trat ihm ein bedeutendes Stück seines Königreiches sowie noch andere Güter ab und machte ihn zu seinem Schwiegersohn. Als längere Zeit verstrichen war, begab sich Lyrkos, da er keine Kinder erhielt, zum Apollon von Didyma, um ihn wegen der Nachkommenschaft zu befragen; der Gott antwortete ihm, Kinder werde er von der Frau erhalten, mit der er sich nach seiner Rückkehr aus dem Heiligtum zuerst vereinen werde. Hocherfreut machte er sich auf den Weg zu seiner Frau, in der festen Überzeugung, daß ihm nach dem Orakelspruch sein Wunsch in Erfüllung gehen werde. Als er aber auf seiner Fahrt nach Bybastos zu Staphylos, dem Sohn des Dionysos, kam, wurde er von diesem sehr freundlich aufgenommen und zu übermäßigem Trinken verleitet; als er schwer betrunken war, gesellte ihm jener seine Tochter Hemithea. Dies tat er, weil er von dem Götterspruch erfahren hatte und sich von seiner Tochter Kinder wünschte. Zwischen den Töchtern des Staphylos, Rhoio und Hemithea, war sogar ein Streit darüber ausgebrochen, welche von ihnen bei dem Fremdling liegen dürfe; so sehr verlangten sie nach ihm. Als aber Lyrkos tagsdarauf merkte, was er getan hatte, er Hemithea neben sich liegen sah, war er sehr ungehalten und machte dem Staphylos wegen seines Betruges bittere Vorwürfe; doch da schließlich nichts mehr zu ändern war, nahm er seinen Gürtel ab und

δὲ μηδὲν ἔχων, ὅ τι ποιῇ, περιελόμενος τὴν ζώνην
δίδωσι τῇ κόρῃ κελεύων ἡβήσαντι τῷ παιδὶ φυ-
λάττειν, ὅπως ἔχῃ γνώρισμα, ὁπότ' ἂν ἀφίκοιτο
πρὸς τὸν πατέρα αὐτοῦ εἰς Καῦνον, καὶ ἐξέπλευ-
σεν. Αἰγίαλος δὲ ὡς ᾔσθετο τά τε κατὰ τὸ χρη-
στήριον καὶ τὴν Ἡμιθέαν, ἤλαυνεν τῆς γῆς αὐτόν.
Ἔνθα δὴ μάχη συνεχὴς ἦν τοῖς τε τὸν Λύρκον
προσιεμένοις καὶ τοῖς τὰ Αἰγιάλου φρονοῦσιν·
μάλιστα δὲ συνεργὸς ἐγίνετο Εἰλεβίη· οὐ γὰρ
ἀπεῖπεν τὸν Λύρκον. Μετὰ δὲ ταῦτα ἀνδρωθεὶς
ὁ ἐξ Ἡμιθέας καὶ Λύρκου (Βασίλος αὐτῷ ὄνομα)
ἦλθεν εἰς τὴν Καυνίαν, καὶ αὐτὸν γνωρίσας ὁ
Λύρκος ἤδη γηραιὸς ὢν ἡγεμόνα καθίστησι τῶν
σφετέρων λαῶν.

2. Περὶ Πολυμήλης

['Ιστορεῖ Φιλητᾶς 'Ερμῇ]

Ὀδυσσεὺς ἀλώμενος περὶ Σικελίαν καὶ τὴν
Τυρρηνῶν καὶ τὴν Σικελῶν θάλασσαν ἀφίκετο
πρὸς Αἴολον καὶ Μελιγουνίδα νῆσον, ὃς αὐτὸν
κατὰ κλέος σοφίας τεθηπὼς ἐν πολλῇ φροντίδι
εἶχεν· τὰ περὶ Τροίης ἅλωσιν καὶ ὃν τρόπον αὐτοῖς ἐσκεδάσθησαν αἱ νῆες κομιζομένοις ἀπὸ τῆς
'Ιλίου διεπυνθάνετο, ξενίζων τε αὐτὸν πολὺν
χρόνον διῆγε. Τῷ δ' ἄρα καὶ αὐτῷ ἦν ἡ μονὴ
ἡδομένη. Πολυμήλη γὰρ τῶν Αἰολίδων τις ἐρα-

schenkte ihn dem Mädchen mit dem Auftrag, ihn für seinen Sohn aufzubewahren, damit er, wenn er herangewachsen wäre und zu seinem Vater nach Kaunos käme, ein Erkennungszeichen habe; dann segelte er ab. Aigialos aber trieb ihn, als er von dem Götterspruch und der Geschichte mit Hemithea erfuhr, aus dem Lande. Seit damals herrschte ein immerwährender Kampf zwischen den Anhängern des Lyrkos und denen, die mit Aigialos sympathisierten; Heilebie erwies sich aber als gute Kameradin und trennte sich nicht von Lyrkos. Später, als er mannbar geworden war, kam der Sohn der Hemithea und des Lyrkos, Basilos mit Namen, nach Kaunia; Lyrkos erkannte ihn und machte ihn, da er selbst schon alt war, zum Herrscher über seine Völker.

2. Polymele

[nach Philetas in „Hermes"]

Als Odysseus um Sizilien und auf dem tyrrhenischen und sizilischen Meer umherirrte, kam er zu Aiolos und auf die Insel Meligunis. Aiolos behandelte ihn, dem Ruf seiner Klugheit entsprechend, mit Bewunderung und Hochachtung; er erkundigte sich bei ihm nach der Eroberung von Troja und nach dem Verlust seiner Schiffe auf der Heimkehr von Ilion und nahm ihn lange Zeit gastfreundlich auf. Aber auch Odysseus selbst war über den Aufenthalt sehr erfreut. Denn Polymele, eine der Aiolos Töchter,

σθεῖσα αὐτοῦ κρύφα συνῆν. Ὡς δὲ τοὺς ἀνέμους ἐγκεκλεισμένους παραλαβὼν ἀπέπλευσεν, ἡ κόρη φωρᾶταί τινα τῶν Τρωικῶν λαφύρων ἔχουσα καὶ τούτοις μετὰ πολλῶν δακρύων ἐπαλινδουμένη. Ἔνθα ⟨δὴ⟩ ὁ Αἴολος τὸν μὲν Ὀδυσσέα καίπερ οὐ παρόντα ἐκάκισεν, τὴν δὲ Πολυμήλην ἐν νῷ ἔσχεν τίσασθαι. Ἔτυχεν δὲ αὐτῆς ἡρασμένος ὁ ἀδελφὸς Διώρης, ὃς αὐτὴν παραιτεῖταί τε καὶ πείθει τὸν πατέρα αὐτῷ συνοικίσαι.

3. Περὶ Εὐίππης

[Ἱστορεῖ Σοφοκλῆς Εὐρυάλῳ]

Οὐ μόνον δὲ Ὀδυσσεὺς περὶ Αἴολον ἐξήμαρτεν, ἀλλὰ καὶ μετὰ τὴν ἄλην, ὡς τοὺς μνηστῆρας ἐφόνευσεν, εἰς Ἤπειρον ἐλθὼν χρηστηρίων τινῶν ἕνεκα, τὴν Τυρίμμα θυγατέρα ἔφθειρεν Εὐίππην, ὃς αὐτὸν οἰκείως τε ὑπεδέξατο καὶ μετὰ πάσης προθυμίας ἐξένισε. Παῖς δὲ αὐτῷ γίνεται ἐκ ταύτης Εὐρύαλος. Τοῦτον ἡ μήτηρ, ἐπεὶ εἰς ἥβην ἦλθεν, ἀποπέμπεται εἰς Ἰθάκην συμβόλαιά τινα δοῦσα ἐν δέλτῳ κατεσφραγισμένα. Τοῦ δὲ Ὀδυσσέως κατὰ τύχην τότε μὴ παρόντος, Πηνελόπη καταμαθοῦσα ταῦτα καὶ ἄλλως δὲ προπεπυσμένη τὸν τῆς Εὐίππης ἔρωτα, πείθει τὸν Ὀδυσσέα παραγενόμενον, πρὶν ἢ γνῶναί τι τού-

hatte sich in ihn verliebt und gab sich ihm heimlich hin. Als er aber die eingeschlossenen Winde erhalten hatte und abgesegelt war, kam man darauf, daß dem Mädchen einiges von der troischen Beute geblieben war und es sich damit unter vielen Tränen abschleppte. Da fluchte Aiolos dem Odysseus, der längst auf und davon war, die Polymele aber wollte er züchtigen. Doch zum Glück liebte sie ihr Bruder Diores, der für sie bat und den Vater dazu bewog, sie ihm zur Frau zu geben.

3. Euippe

[nach Sophokles im „Euryalos"]

Aber nicht nur bei Aiolos sündigte Odysseus, sondern auch nach seiner Irrfahrt, als er die Freier getötet hatte, schändete er, auf Grund gewisser Orakelsprüche nach Epiros gekommen, Euippe, Tyrimmas Tochter, der ihn, wie zur Familie gehörig, aufnahm und überaus herzlich bewirtete. Von dieser bekam Odysseus einen Sohn Euryalos. Ihn schickte die Mutter, als er herangewachsen war, nach Ithaka und gab ihm in einem Täfelchen einige versiegelte Kennzeichen mit. Zufällig war damals Odysseus über Land, Penelope verstand aber die Zeichen, außerdem hatte sie von der Liebschaft mit Euippe Wind bekommen; nach seiner Rückkehr überredete sie Odysseus, ehe er von der Begebenheit Kenntnis hatte, den Euryalos zu töten, unter dem Vorwand, daß er ihm

των ώς ἔχει, κατακτεῖναι τὸν Εὐρύαλον ὡς ἐπι-
βουλεύοντα αὐτῷ. Καὶ Ὀδυσσεὺς μὲν διὰ τὸ μὴ
ἐγκρατὴς φῦναι μηδὲ ἄλλως ἐπιεικής, αὐτόχειρ
τοῦ παιδὸς ἐγένετο· καὶ οὐ μετὰ πολὺν χρόνον
ἢ τόδε ἀπειργάσθαι πρὸς τῆς αὐτὸς αὐτοῦ
γενεᾶς τρωθεὶς ἀκάνθῃ θαλασσίας τρυγόνος
ἐτελεύτησεν.

4. Περὶ Οἰνώνης

[Ἱστορεῖ Νίκανδρος ἐν τῷ περὶ ποιητῶν καὶ Κεφάλων ὁ
Γεργίθιος ἐν Τρωικοῖς]

Ἀλέξανδρος ὁ Πριάμου βουκολῶν κατὰ τὴν
Ἴδην ἠράσθη τῆς Κεβρῆνος θυγατρὸς Οἰνώνης·
λέγεται δὲ ταύτην ἔκ του θεῶν κατεχομένην
θεσπίζειν περὶ τῶν μελλόντων, καὶ ἄλλως δὲ ἐπὶ
συνέσει φρενῶν ἐπὶ μέγα διαβεβοῆσθαι. Ὁ οὖν
Ἀλέξανδρος αὐτὴν ἀγαγόμενος παρὰ τοῦ πατρὸς
εἰς τὴν Ἴδην, ὅπου αὐτοῦ οἱ σταθμοὶ ἦσαν, εἶχε
γυναῖκα, καὶ αὐτῇ φιλοφρονούμενος μηδαμὰ
⟨ὑπέσχετο⟩ προλείψειν, ἐν περισσοτέρᾳ δὲ τιμῇ
ἄξειν· ἡ δὲ συνιέναι μὲν ἔφασκεν, εἰς τὸ παρὸν
ὡς δὴ πάνυ αὐτῆς ἐρῴη, χρόνον μέντοι τινὰ
γενήσεσθαι, ἐν ᾧ ἀπαλλάξας αὐτὴν εἰς τὴν Εὐ-
ρώπην περαιωθήσεται κἀκεῖ πτοηθεὶς ἐπὶ γυναικὶ
ξένῃ πόλεμον ἐπάξεται τοῖς οἰκείοις. Ἐξηγεῖτο
δέ, ὡς δεῖ αὐτὸν ἐν τῷ πολέμῳ τρωθῆναι, καὶ
ὅτι οὐδεὶς αὐτὸν οἷός τε ἔσται ὑγιῆ ποιῆσαι ἢ

hinterhältig nachstelle. Und dadurch wurde Odysseus, der auch sonst kein beherrschter und sanftmütiger Mann war, zum Mörder seines Sohnes; doch er starb kurze Zeit nach dieser Tat durch eines seiner Kinder, von dem Stachel eines Meerrochens verwundet.

4. Oinone

[nach Nikandros in dem Werk „Von den Dichtern" und nach Kephalon aus Gergithos in den „Troischen Geschichten"]

Alexandros, des Priamos Sohn, lebte als Hirt auf dem Ida und liebte Oinone, Kebrens Tochter; man erzählt von ihr, daß sie, von einem Gott erleuchtet, die Zukunft weissagen konnte und daß sie auch sonst wegen ihres Geistes sehr berühmt gewesen sei. Alexandros führte sie nun von ihrem Vater weg auf den Ida, wo er seine Ställe besaß, und hatte sie zur Frau; in seiner Liebe ⟨gelobte er⟩, sie nie zu verlassen und sie stets hochzuschätzen. Sie hingegen erklärte, sie wisse wohl, daß er sie augenblicklich sehr liebe, es werde aber eine Zeit kommen, wo er sie verlassen, nach Europa gehen, von einem fremden Weib betört werden und seine eigenen Landsleute in einen Krieg stürzen werde. Auch erzählte sie ihm, daß er im Krieg verwundet würde und niemand imstande sein werde, ihn wieder zu heilen außer sie selbst; sooft sie davon sprach, bat er sie, nicht an so etwas zu

αὐτή· ἑκάστοτε δὲ ἐπιλεγομένης αὐτῆς ἐκεῖνος οὐκ εἴα μεμνῆσθαι. Χρόνου δὲ προϊόντος ἐπειδὴ Ἑλένην ἔγημεν, ἡ μὲν Οἰνώνη μεμφομένη τῶν πραχθέντων τὸν Ἀλέξανδρον εἰς Κεβρῆνα ὅθεν περ ἦν γένος ἀπεχώρησεν, ὁ δὲ παρήκοντος ἤδη τοῦ πολέμου διατοξευόμενος Φιλοκτήτῃ τιτρώσκεται. Ἐν νῷ δὲ λαβὼν τὸ τῆς Οἰνώνης ἔπος, ὅτε ἔφατο αὐτὸν πρὸς αὐτῆς μόνης οἷόν τε εἶναι ἰαθῆναι, κήρυκα πέμπει δεησόμενον, ὅπως ἐπειχθεῖσα ἀκέσηταί τε αὐτὸν καὶ τῶν παροιχομένων λήθην ποιήσηται, ἅτε δὴ κατὰ θεῶν βούλησίν τε ἀφικόμενον· ἡ δὲ αὐθαδέστερον ἀπεκρίνατο, ὡς χρὴ παρ' Ἑλένην αὐτὸν ἰέναι κἀκείνης δεῖσθαι, ⟨ἐν⟩ αὐτῇ δὲ μάλιστα ἠπείγετο, ἔνθα [δὴ] ἐπέπυστο κεῖσθαι αὐτόν. Τοῦ δὲ κήρυκος τὰ λεχθέντα παρὰ τῆς Οἰνώνης θᾶττον ἀπαγγείλαντος ἀθυμήσας ὁ Ἀλέξανδρος ἐξέπνευσεν, Οἰνώνη δὲ, ἐπεὶ νέκυν ἤδη κατὰ γῆς κείμενον ἐλθοῦσα ἴδεν, ἀνῴμωξέν τε καὶ πολλὰ κατολοφυραμένη διεχρήσατο ἑαυτήν.

5. Περὶ Λευκίππου

[Ἱστορεῖ Ἑρμησιάναξ Λεοντίῳ]

Λεύκιππος δέ, Ξανθίου παῖς, γένος τῶν ἀπὸ Βελλεροφόντου, διαφέρων ἰσχύι μάλιστα τῶν καθ' ἑαυτὸν, ἤσκει τὰ πολεμικά. Διὸ πολὺς ἦν

denken. *Als er aber später Helena heiratete, verübelte Oinone ihm dies sehr und begab sich nach ihrem Geburtsort Kebren; er wurde im Verlauf des Krieges, als er Bogenschüsse mit Philoktetes wechselte, verwundet. In dieser Lage fiel ihm das Wort der Oinone ein, daß sie gesagt habe, er könne nur von ihr geheilt werden; er schickte einen Boten zu ihr mit der Bitte, sie möge rasch zu Hilfe kommen und das Vergangene vergessen, weil ja alles nur nach dem Ratschluß der Götter so gekommen wäre; sie aber antwortete trotzig, er müsse sich mit seiner Bitte schon an Helena wenden; in Wirklichkeit aber eilte sie sofort dorthin, wo er nach dem Bericht liegen mußte. Indessen war der Überbringer ihrer Antwort rascher, deshalb verzweifelte Alexandros und gab seinen Geist auf, und Oinone, die ihn nur mehr tot auf der Erde liegend antraf, tötete sich unter lautem Wehklagen selbst.*

5. Leukippos

[nach Hermesianax in der „Leontion"]

Leukippos, Sohn des Xanthios, ein Nachkomme des Bellerophontes, übertraf seine Mitmenschen durch besondere Körperkraft und übte das Kriegshand-

λόγος περὶ αὐτοῦ παρά τε Λυκίοις καὶ τοῖς προσ-
εχέσι τούτοις, ἅτε δὴ ἀγομένοις καὶ πᾶν ὁτιοῦν
δυσχερὲς πάσχουσιν. Οὗτος κατὰ μῆνιν 'Αφρο-
δίτης εἰς ἔρωτα ἀφικόμενος τῆς ἀδελφῆς, τέως
μὲν ἐκαρτέρει, οἰόμενος ῥᾷστα ἀπαλλάξασθαι
τῆς νόσου, ἐπεὶ μέντοι χρόνου διαγενομένου οὐδὲ
ἐπ' ὀλίγον ἐλώφα τὸ πάθος, ἀνακοινοῦται τῇ
μητρὶ καὶ πολλὰ καθικέτευε, μὴ περιιδεῖν αὐτὸν
ἀπολλύμενον· εἰ γὰρ αὐτῷ μὴ συνεργήσειεν,
ἀποσφάξειν αὐτὸν ἠπείλει. Τῆς δὲ παραχρῆμα
τὴν ἐπιθυμίαν φαμένης τελευτήσειν ῥᾷων ἤδη
ἐγγονεν· ἀνακαλεσαμένη δὲ τὴν κόρην συγκατακλίνει τἀδελφῷ, κἀκ τούτου συνῆσαν οὐ μάλα
τινὰ δεδοικότες, ἕως τις ἐξαγγέλλει τῷ κατηγ-
γυημένῳ τὴν κόρην μνηστῆρι. Ὁ δὲ τόν τε αὑτοῦ
πατέρα παραλαβὼν καί τινας τῶν προσηκόντων
πρόσεισι τῷ Ξανθίῳ καὶ τὴν πρᾶξιν καταμηνύει,
μὴ δηλῶν τοὔνομα τοῦ Λευκίππου. Ξάνθιος δὲ
δυσφορῶν ἐπὶ τοῖς προσηγγελμένοις πολλὴν
σπουδὴν ἐτίθετο φωρᾶσαι τὸν φθορέα, καὶ διε-
κελεύσατο τῷ μηνυτῇ, ὁπότε ἴδοι συνόντας, αὑτῷ
δηλῶσαι· τοῦ δὲ ἑτοίμως ὑπακούσαντος καὶ αὐτίκα τὸν πρεσβύτην ἐπαγομένου τῷ θαλάμῳ, ἡ
παῖς αἰφνιδίου ψόφου γενηθέντος ἵετο διὰ θυρῶν,
οἰομένη λήσεσθαι τὸν ἐπιόντα· καὶ αὐτὴν ὁ πατὴρ
ὑπολαβὼν εἶναι τὸν φθορέα πατάξας μαχαίρᾳ

werk aus. *Deswegen sprach man viel von ihm bei den Lykiern und ihren Nachbarn, weil sie geplündert wurden und auch sonst allerlei Unbill zu ertragen hatten. Leukippos war durch den Groll der Aphrodite in Liebe zu seiner Schwester entbrannt; anfangs beherrschte er sich, weil er glaubte, dadurch seiner Leidenschaft besser Herr zu werden; da aber trotz der Zeit seine Liebessehnsucht nicht im geringsten nachließ, eröffnete er sich seiner Mutter und beschwor sie, ihn nicht zugrundegehen zu lassen, ja er drohte mit Selbstmord, wenn sie ihm ihre Hilfe versage; als sie ihm jedoch versprochen hatte, seine Leiden auf der Stelle zu lindern, wurde ihm leichter. Sie rief sogleich das Mädchen herbei und legte es zum Bruder; seither verkehrten sie miteinander, ohne jemanden fürchten zu müssen, bis doch einer das Verhältnis dem Verlobten des Mädchens hinterbrachte. Dieser begab sich nun mit seinem Vater und einigen Verwandten zu Xanthios und eröffnete ihm den Sachverhalt, ohne Leukippos namentlich anzuführen. Empört über diese Nachricht, trachtete Xanthios eifrig darnach, den Verführer in seine Gewalt zu bekommen und verlangte vom Anzeiger, ihm zu melden, wenn er sie beieinander wüßte; dieser erklärte sich sofort dazu bereit und führte den Alten zu dem Gemach; das Mädchen stürzte infolge des plötzlichen Lärms aus der Tür in der Hoffnung, sich vor dem Herankommenden verbergen zu können; der Vater hielt es für den Verführer, warf es zu*

καταβάλλει. Τῆς δὲ περιωδύνου γενομένης καὶ ἀνακραγούσης ὁ Λεύκιππος, ἐπαμύνων αὐτῇ καὶ διὰ τὸ ἐκπεπλῆχϑαι μὴ προϊδόμενος, ὅστις ἦν, κατακτείνει τὸν πατέρα. Δι' ἣν αἰτίαν ἀπολιπὼν τὴν οἰκίαν Θετταλοῖς ⟨ἐπὶ τοῖς συμβεβηκόσιν⟩ εἰς Κρήτην ἡγήσατο, κἀκεῖθεν ἐξελαθεὶς ὑπὸ τῶν προσοίκων εἰς τὴν Ἐφεσίαν ἀφίκετο, ἔνϑα χωρίον ᾤκησε τὸ Κρητιναῖον ἐπικληϑέν. Τοῦ δὲ Λευκίππου τούτου λέγεται τὴν Μανδρολύτου ϑυγατέρα Λευκοφρύην ἐρασϑεῖσαν προδοῦναι τὴν πόλιν τοῖς πολεμίοις, ὧν ἐτύγχανεν ἡγούμενος ὁ Λεύκιππος, ἑλομένων αὐτὸν κατὰ ϑεοπρόπιον τῶν δεκατευϑέντων ἐκ Φερῶν ὑπ' Ἀδμήτου.

6. Περὶ Παλλήνης

[Ἱστορεῖ Θεαγένης καὶ Ἡγήσιππος ἐν Παλληνιακοῖς]

Λέγεται ⟨δὲ⟩ καὶ Σίϑονα τὸν Ὀδομαντῶν βασιλέα γεννῆσαι ϑυγατέρα Παλλήνην, καλήν τε καὶ ἐπίχαριν, καὶ διὰ τοῦτο ἐπὶ πλεῖστον χωρῆσαι κλέος αὐτῆς, φοιτᾶν τε μνηστῆρας οὐ μόνον ἀπ' αὐτῆς ⟨τῆς⟩ Θράκης, ἀλλὰ καὶ ἔτι πρόσωϑέν τινας, ἀπό τε Ἰλλυρίδος ⟨καὶ⟩ τῶν ἐπὶ Τανάιδος ποταμοῦ κατῳκημένων· τὸν δὲ Σίϑονα πρῶτον μὲν κελεύειν τοὺς ἀφικνουμένους μνηστῆρας πρὸς μάχην ἰέναι τὴν κόρην ἔχοντα, εἰ δὲ ἥττων

Boden und verletzte es mit dem Dolche. Als es vor
Schmerz aufschrie und Leukippos ihm zu Hilfe kam,
tötete dieser, da er in der Erregung nicht sah, wen er
vor sich hatte, den Vater des Mädchens. Deshalb verließ er seine Heimat und führte Thessalier ⟨auf die
er gestoßen war⟩ nach Kreta, und als er von hier von
den Nachbarn vertrieben wurde, kam er in das ephe-
sische Gebiet, wo er in der Gegend wohnte, die Kretinaion hieß. In denselben Leukippos soll sich auch
die Tochter des Mandrolytos, Leukophrye, verliebt
und die Stadt den Feinden verraten haben, deren
Führer gerade Leukippos war, da die von Admetos
in Pherai durch das Los bestimmten Zehnmänner ihn
infolge eines Götterspruches dazu gewählt hatten.

6. Pallene

[nach Theagenes und Hegesippos in den „Pallenischen Geschichten"]

Auch Sithon, der König der Adomanten, hatte,
wie erzählt wird, eine Tochter Pallene, schön und
anmutig, und weil ihr Ruf weit über die Grenzen
gedrungen war, kamen die Freier nicht nur aus Thrakien selbst, sondern manche weither aus Illyrien und
aus den Ländern am Tanaisfluß; Sithon soll nun den
zuerst angekommenen Freiern befohlen haben, um
das Mädchen zu kämpfen; wer unterliege, müsse
sterben. Auf diese Weise hatte er sehr viele erledigt.

φανείη, τεθνάναι· τούτῳ τε τῷ τρόπῳ πάνυ συχνοὺς ἀνῃρήκει. Μετὰ δὲ, ὡς αὐτὸν [τε] ἡ πλείων ἰσχὺς ἐπελελοίπει ἔγνωστό τε αὐτῷ τὴν κόρην ἁρμόσασθαι, δύο μνηστῆρας ἀφιγμένους, Δρύαντά τε καὶ Κλεῖτον, ἐκέλευεν ἄθλου προκειμένου τῆς κόρης ἀλλήλοις διαμάχεσθαι, καὶ τὸν μὲν τεθνάναι, τὸν δὲ περιγενόμενον τήν τε βασιλείαν καὶ τὴν παῖδα ἔχειν. Τῆς δὲ ἀφωρισμένης ἡμέρας παρούσης ἡ Παλλήνη (ἔτυχε γὰρ ἐρῶσα τοῦ Κλείτου) πάνυ ὡρρώδει περὶ αὐτοῦ, καὶ σημῆναι μὲν οὐκ ἐτόλμα τινὶ τῶν ἀμφ' αὐτόν, δάκρυα δὲ πολλὰ ἐχεῖτο τῶν παρειῶν αὐτῆς, ἕως ὅτε ⟨ὁ⟩ τροφεὺς αὐτῆς πρεσβύτης ἀναπυνθανόμενος καὶ ἐπιγνοὺς τὸ πάθος τῇ μὲν θαρρεῖν παρεκελεύσατο, ὡς ᾗ βούλεται, ταύτῃ τοῦ πράγματος χωρήσοντος, αὐτὸς δὲ κρύφα ὑπέρχεται τὸν ἡνίοχον τοῦ Δρύαντος καὶ αὐτῷ χρυσὸν πολὺν ὁμολογήσας πείθει διὰ τῶν ἁρματηγῶν τροχῶν μὴ διεῖναι τὰς περόνας. Ἔνθα δὴ ὡς εἰς μάχην ἐξήεσαν καὶ ἤλαυνεν ὁ Δρύας ἐπὶ τὸν Κλεῖτον, [καὶ] οἱ τροχοὶ περιερρύησαν αὐτῷ τῶν ἁρμάτων· καὶ οὕτως πεσόντα αὐτὸν ἐπιδραμὼν ὁ Κλεῖτος ἀναιρεῖ. Αἰσθόμενος δὲ ὁ Σίθων τόν τε ἔρωτα καὶ τὴν ἐπιβουλὴν τῆς θυγατρός, μάλα μεγάλην πυρὰν νήσας καὶ ἐπιθεὶς τὸν Δρύαντα ᾤετο συνεπισφάξειν καὶ τὴν Παλλήνην. Φαν-

Später aber, als seine Kraft wesentlich erlahmt war, beschloß er, das Mädchen doch zu verheiraten, und befahl den Freiern Dryas und Kleitos, die soeben eingetroffen waren, miteinander um das Mädchen als Kampfpreis zu kämpfen, einer müsse sterben, der Sieger aber erhalte das Königreich und das Mädchen. Als der festgesetzte Tag herangekommen war, war Pallene (sie liebte nämlich den Kleitos) seinetwegen sehr besorgt, wagte es aber nicht, sich jemandem aus ihrer Umgebung anzuvertrauen, sie vergoß viele Tränen, bis sie endlich ihr alter Erzieher fragte, der ihr, als er ihren Kummer erfahren hatte, Mut zusprach, die Sache werde gewiß ganz nach ihrem Wunsch ausgehen; er wendete sich heimlich an den Wagenlenker des Dryas und versprach ihm viel Geld, wenn er bei dessen Wagenrädern keine Bolzen vorstecke. Als sie hierauf zum Kampf antraten, und Dryas auf Kleitos zulenkte, liefen ihm die Wagenräder davon; er kam zu Fall, Kleitos eilte herbei und tötete ihn. Als Sithon die Liebe und die List seiner Tochter gewahr wurde, errichtete er einen mächtigen Scheiterhaufen und legte den Dryas darauf mit der Absicht, auch Pallene als Totenopfer darzubringen. Da tauchte aber ein Schutzgeist auf und plötzlich ergoß sich ein Wolkenbruch vom Himmel, da besann er sich anders und richtete zur Versöhnung für die

τάσματος δὲ θείου γενομένου καὶ ἐξαπιναίως ὕδατος ἐξ οὐρανοῦ πολλοῦ καταρραγέντος μετέγνω τε καὶ γάμοις ἀρεσάμενος τὸν παρόντα Θρᾳκῶν ὅμιλον ἐφίησι τῷ Κλείτῳ τὴν κόρην ἄγεσθαι.

7. Περὶ Ἱππαρίνου

[Ἱστορεῖ Φανίας ὁ Ἐρέσιος]

Ἐν δὲ τῇ Ἰταλῇ Ἡρακλείᾳ παιδὸς διαφόρου τὴν ὄψιν (Ἱππαρῖνος [ἦν] αὐτῷ ὄνομα τῶν πάνυ δοκίμων) Ἀντιλέων ἠράσθη· ὃς πολλὰ μηχανώμενος οὐδαμῇ δυνατὸς ἦν αὐτὸν ἁρμόσασθαι, περὶ δὲ γυμνάσια διατρίβοντι πολλὰ τῷ παιδὶ προσρυεὶς ἔφη τοσοῦτον αὐτοῦ πόθον ἔχειν, ὥστε πάντα πόνον ἀνατλῆναι καί, ὅ τι ἂν κελεύῃ, μηδενὸς αὐτὸν ἁμαρτήσεσθαι. Ὁ δὲ ἄρα κατειρωνευόμενος προσέταξεν αὐτῷ ἀπό τινος ἐρυμνοῦ χωρίου, ὃ μάλιστα ἐφρουρεῖτο ὑπὸ τοῦ τῶν Ἡρακλεωτῶν τυράννου, τὸν κώδωνα κατακομίσαι, πειθόμενος μὴ ἄν ποτε τελέσειν αὐτὸν τόνδε τὸν ἆθλον. Ἀντιλέων δὲ κρύφα τὸ φρούριον ὑπελθὼν καὶ λοχήσας τὸν φύλακα τοῦ κώδωνος κατακαίνει, καὶ ἐπειδὴ ἀφίκετο πρὸς τὸ μειράκιον ἐπιτελέσας τὴν ὑπόσχεσιν, ἐν πολλῇ αὐτῷ εὐνοίᾳ ἐγένετο, καὶ ἐκ τοῦδε μάλιστα ἀλλήλους ἐφίλουν. Ἐπεὶ δὲ ὁ τύραννος τῆς ὥρας ἐγλίχετο τοῦ παιδὸς

24

anwesende Menge der Thraker einen Hochzeits-
schmaus her und gestattete dem Kleitos, das Mädchen
zu heiraten.

7. Hipparinos

[nach Phanias aus Eresos]

Im italischen Herakleia verliebte sich Antileon in
einen Knaben von außerordentlicher Schönheit (sein
Name war Hipparinos aus hochangesehener Familie);
trotz aller Anstrengungen gelang es ihm nicht, sich
diesen geneigt zu machen; wenn sich der Knabe auf
den Sportplätzen aufhielt, drängte er sich häufig an
ihn heran und gab ihm zu verstehen, daß er ihn so
sehr begehre, daß er jede Mühsal auf sich nehmen
würde und nichts unerfüllt lassen wolle, was er von
ihm verlange. Da befahl ihm dieser spöttisch, er
solle von einem bestimmten befestigten Platz, der
von dem Tyrannen der Herakleoten besonders scharf
bewacht wurde, die Glocke herunterholen, in der
festen Überzeugung, daß er diese Tat nie vollbringen
könne. Antileon aber schlich sich heimlich in die
Festung und tötete den Wächter der Glocke aus dem
Hinterhalt. Als er nach Erfüllung seines Ver-
sprechens zu dem Knaben kam, wurde ihm dieser
sehr zugetan und seit damals liebten sie einander
innig. Als jedoch auch den Tyrannen nach der Ju-

καὶ οἷός τε ἦν αὐτὸν βίᾳ ἄγεσθαι, δυσανασχετήσας ὁ 'Αντιλέων ἐκείνῳ μὲν παρεκελεύσατο μὴ
ἀντιλέγειν κινδυνεύειν, αὐτὸς δὲ οἴκοθεν ἐξιόντα
τὸν τύραννον προσδραμὼν ἀνεῖλεν· καὶ τοῦτο
δράσας δρόμῳ ἵετο καὶ διέφυγεν ἄν, εἰ μὴ προ-
βάτοις συνδεδεμένοις ἀμφιπεσὼν ἐχειρώθη. Διὸ
τῆς πόλεως εἰς τἀρχαῖον ἀποκαταστάσης ἀμφο-
τέροις παρὰ τοῖς Ἡρακλεώταις ἐτέθησαν εἰκόνες
χαλκαῖ, καὶ νόμος ἐγράφη μηδένα ἐλαύνειν τοῦ
λοιποῦ πρόβατα συνδεδεμένα.

8. Περὶ Ἡρίππης

['Ιστορεῖ 'Αριστόδημος ὁ Νυσαεὺς ἐν α' ἱστοριῶν περὶ τούτων, πλὴν ὅτι τὰ ὀνόματα ὑπαλλάττει, ἀντὶ Ἡρίππης καλῶν
Εὐθυμίαν, τὸν δὲ βάρβαρον Καυάραν]

"Οτε δὲ οἱ Γαλάται κατέδραμον τὴν 'Ιωνίαν
καὶ τὰς πόλεις ἐπόρθουν, ἐν Μιλήτῳ Θεσμοφο-
ρίων ὄντων καὶ συνηθροισμένων γυναικῶν ἐν
τῷ ἱερῷ, ὃ βραχὺ τῆς πόλεως ἀπέχει, ἀποσπασθέν
τι μέρος τοῦ βαρβαρικοῦ διῆλθεν εἰς τὴν Μιλησίαν
καὶ ἐξαπιναίως ἐπιδραμὸν ἀνεῖλεν τὰς γυναῖκας.
Ἔνθα δὴ τὰς μὲν ἐρύσαντο πολὺ ἀργύριόν τε
καὶ χρυσίον ἀντιδόντες, τινὲς δὲ τῶν βαρβάρων
αὐταῖς οἰκειωθέντων ἀπήχθησαν, ἐν δὲ αὐταῖς

gend des Knaben gelüstete und er sich anschickte, Gewalt anzuwenden, war Antileon sehr erbittert und befahl dem Knaben, sich nicht durch Widerspruch einer Gefahr auszusetzen, stellte sich aber selbst dem Tyrannen, als dieser das Haus verließ, entgegen und ermordete ihn; hierauf flüchtete er und wäre auch entkommen, wenn er nicht über eine Herde zusammengebundener Schafe gestürzt und dadurch überwältigt worden wäre. Weil dadurch die Stadt ihre alte Verfassung wiederherstellen konnte, wurden ihnen beiden von den Herakleoten eherne Statuen errichtet und ein Gesetz erlassen, wonach künftig niemand mehr zusammengebundene Schafe treiben dürfe.

8. Herippe

[nach Aristodemos aus Nysaia im ersten Buch der „Geschichten", allerdings mit geänderten Namen, so nennt er Herippe Euthymia und den Barbaren Kauaras]

Als die Galater in Ionien einfielen und die Städte plünderten, rückte während des Demeterfestes in Milet, als die Frauen gerade im Heiligtum nahe der Stadt versammelt waren, eine Abteilung des Barbarenheeres in das milesische Gebiet ein, überfiel die Frauen unvermutet und setzte sie gefangen. Es wurden zwar einige für viel Silber und Gold als Lösegeld wieder freigegeben, einige aber, die sich die Sympathie der Barbaren gewonnen hatten, fortgeführt, unter ihnen auch Herippe, die Frau des Xan-

καὶ Ἡρίππη, γυνὴ Ξάνθου, ἀνδρὸς ἐν Μιλήτῳ
πάνυ δοκίμου γένους τε τοῦ πρώτου, παιδίον
ἀπολιποῦσα διετές. Ταύτης πολὺν πόθον ἔχων
ὁ Ξάνθος, ἐξηργυρίσατο μέρος τῶν ὑπαργμάτων
καὶ κατασκευασάμενος χρυσοῦς δισχιλίους τὸ
μὲν πρῶτον εἰς Ἰταλίαν ἐπεραιώθη, ἐντεῦθεν
δὲ ὑπὸ ἰδιοξένων τινῶν κομιζόμενος εἰς Μασσα-
λίαν ἀφικνεῖται κἀκεῖθεν εἰς τὴν Κελτικήν· καὶ
προσελθὼν τῇ οἰκίᾳ, ἔνθα αὐτοῦ συνῆν ἡ γυνὴ
ἀνδρὶ τῶν μάλιστα παρὰ Κελτοῖς δοξαζομένων,
ὑποδοχῆς ἐδεῖτο τυχεῖν. Τῶν δὲ διὰ φιλοξενίαν
ἑτοίμως αὐτὸν ὑποδεξαμένων εἰσελθὼν ὁρᾷ τὴν
γυναῖκα, καὶ αὐτὸν ἐκείνη τὼ χεῖρε ἀμφιβαλοῦσα
μάλα φιλοφρόνως προσηγάγετο. Παραχρῆμα δὲ
τοῦ Κελτοῦ παραγενομένου διεξῆλθεν αὐτῷ τήν
τε ἄλην τἀνδρὸς ἡ Ἡρίππη, καὶ ὡς αὐτῆς ἕνεκα
[καὶ] ἥκοι λύτρα καταθησόμενος· ὁ δὲ ἠγάσθη
τῆς ψυχῆς τὸν Ξάνθον καὶ αὐτίκα συνουσίαν
ποιησάμενος τῶν μάλιστα προσηκόντων ἐξένιζεν
αὐτόν· παρατείνοντος δὲ τοῦ πότου τὴν γυναῖκα
συγκατακλίνει αὐτῷ καὶ δι' ἑρμηνέως ἐπυνθά-
νετο, πηλίκην οὐσίαν εἴη κεκτημένος τὴν σύμ-
πασαν· τοῦ δὲ εἰς ἀριθμὸν χιλίων χρυσῶν φήσαντος ὁ βάρβαρος εἰς τέσσαρα μέρη κατανέμειν
αὐτὸν ἐκέλευε καὶ τὰ μὲν τρία ὑπεξαιρεῖσθαι
αὐτῷ, γυναικί, παιδίῳ, τὸ δὲ τέταρτον ἀπολείπειν

thos, eines in Milet sehr angesehenen Mannes, der aus einem der ersten Geschlechter stammte; sie ließ einen zweijährigen Knaben zurück. Aus großer Liebe zu ihr machte Xanthos einen Teil seines Besitzes zu Geld und, als er zweitausend Goldstücke beisammen hatte, setzte er zuerst nach Italien über, von da wurde er von einigen Gastfreunden nach Massalia gebracht, von dort gelangte er auf keltisches Gebiet; als er nun zu dem Haus gekommen war, in dem seine Frau mit einem bei den Kelten sehr geschätzten Mann zusammenlebte, bat er um Aufnahme; man empfing ihn bereitwilligst und gastfreundlich; als er eingetreten war, erblickte er seine Frau, sie umarmte ihn und benahm sich sehr zärtlich. Als gleich darauf auch der Kelte erschien, erzählte ihm Herippe von der weiten Wanderschaft ihres Mannes und daß er ihretwegen gekommen sei und ein Lösegeld zahlen wolle; jener bewunderte den Xanthos wegen seiner Liebe, lud sofort seine nächsten Verwandten ein und bewirtete ihn; während des Mahles ließ er seine Frau bei ihm Platz nehmen und fragte ihn durch einen Dolmetscher, auf wieviel sich seine Barschaft belaufe; als dieser eine Summe von tausend Goldstücken nannte, trug ihm der Barbar auf, den Betrag in vier Teile zu teilen, drei davon für sich, seine Frau und das Kind zu behalten und ihm den vierten Teil als Lösegeld für seine Frau zu überlassen. Später beim Schlafengehen machte die Frau dem Xanthos heftige

ἄποινα τῆς γυναικός. Ὡς δὲ εἰς κοῖτόν ποτε ἀπετράπετο, πολλὰ κατεμέμφετο τὸν Ξάνθον ἡ γυνὴ
διὰ τὸ μὴ ἔχοντα τοσοῦτο χρυσίον ὑποσχέσθαι
τῷ βαρβάρῳ κινδυνεύσειν τε αὐτόν, εἰ μὴ ἐμπε-
δώσειε τὴν ἐπαγγελίαν· τοῦ δὲ φήσαντος ἐν ταῖς
κρηπῖσι τῶν παίδων καὶ ἄλλους τινὰς χιλίους
χρυσοῦς κεκρύφθαι διὰ τὸ μὴ ἐλπίζειν ἐπιεικῆ
τινα βάρβαρον καταλήψεσθαι, δεήσειν δὲ πολλῶν λύτρων, ἡ γυνὴ τῇ ὑστεραίᾳ τῷ Κελτῷ καταμηνύει τὸ πλῆθος τοῦ χρυσοῦ καὶ παρεκελεύσατο
κτεῖναι τὸν Ξάνθον, φάσκουσα πολὺ μᾶλλον
αἱρεῖσθαι αὐτὸν τῆς τε πατρίδος καὶ τοῦ παιδίου·
τὸν μὲν γὰρ Ξάνθον παντάπασιν ἀποστυγεῖν.
Τῷ δὲ ἄρα οὐ πρὸς ἡδονῆς ἦν τὰ λεχθέντα, ἐν
νῷ δὲ εἶχεν αὐτὴν τίσασθαι. Ἐπειδὴ δὲ ὁ Ξάνθος
ἐσπούδαζεν ἀπιέναι, μάλα φιλοφρόνως προὔ-
πεμπεν ὁ Κελτός, ἐπαγόμενος καὶ τὴν Ἡρίππην·
ὡς δὲ ἐπὶ τοὺς ὅρους τῆς Κελτῶν χώρας ἀφίκετο,
θυσίαν ὁ βάρβαρος ἔφη τελέσαι βούλεσθαι, πρὶν
αὐτοὺς ἀπ᾽ ἀλλήλων χωρισθῆναι, καὶ κομισθέν-
τος ἱερείου τὴν Ἡρίππην ἐκέλευεν ἀντιλαβέσθαι·
τῆς δὲ κατασχούσης, ὡς καὶ ἄλλοτε σύνηθες αὐτῇ,
ἐπανατεινάμενος τὸ ξίφος καθικνεῖται καὶ τὴν
κεφαλὴν αὐτῆς ἀφαιρεῖ, τῷ δὲ Ξάνθῳ παρεκε-
λεύετο μὴ δυσφορεῖν, ἐξαγγείλας τὴν ἐπιβουλὴν
αὐτῆς, ἐπέτρεπέ τε τὸ χρυσίον ἅπαν κομίζειν αὐτῷ.

Vorwürfe, daß er dem Barbaren eine so große Summe Goldes versprochen habe. Es werde ihm schlecht gehen, wenn er sein Versprechen nicht einhalten könne; er erwiderte, daß in den Schuhen der Sklaven noch weitere tausend Goldstücke verborgen seien, weil er in dem Barbaren nicht einen so rechtschaffenen Mann zu finden, sondern ein hohes Lösegeld zahlen zu müssen erwartet hätte; tagsdarauf verriet das Weib dem Kelten die wirkliche Summe der Goldstücke und verlangte von ihm, den Xanthos zu töten, indem sie ihm erklärte, sie ziehe ihn ihrer Heimat und ihrem Kinde weit vor; denn sie hasse Xanthos glühend. Doch der Kelte freute sich über diese Worte durchaus nicht und beschloß, Herippe zu strafen. Als sich nun Xanthos abzureisen anschickte, gab er ihm freundschaftlichst das Geleite und nahm auch Herippe mit; nachdem sie an die Grenzen des Keltenlandes gekommen waren, äußerte der Barbar, er wolle, ehe sie auseinandergingen, ein Schlachtopfer darbringen; als dann das Opfertier herbeigeschafft worden war, hieß er die Herippe es halten; während sie es hielt, wie sie immer tat, hob er das Schwert, traf sie und schlug ihr den Kopf ab, dem Xanthos aber riet er, sich darüber nicht sehr zu kränken, indem er ihm ihren Anschlag eröffnete, schließlich gestattete er ihm, das ganze Gold wieder mitzunehmen.

9. Περὶ Πολυκρίτης

['Η ἱστορία αὕτη ἐλήφθη ἐκ τῆς α' Ἀνδρίσκου Ναξιακῶν·
γράφει περὶ αὐτῆς καὶ Θεόφραστος ἐν τῷ δ' ⟨τῶν⟩ πρὸς
τοὺς καιρούς]

Καθ᾽ ὃν δὲ χρόνον ἐπὶ Ναξίους Μιλήσιοι συνέ-
βησαν σὺν ἐπικούροις καὶ τεῖχος πρὸ τῆς πόλεως
ἐνοικοδομησάμενοι τήν τε χώραν ἔτεμνον καὶ
καθείρξαντες τοὺς Ναξίους ἐφρούρουν, τοτέ παρθένος ἀπολειφθεῖσα κατά τινα δαίμονα ἐν Δηλίῳ
ἱερῷ, ὃ πλησίον τῆς πόλεως κεῖται, (Πολυκρίτη
ὄνομα αὐτῇ) τὸν τῶν Ἐρυθραίων ἡγεμόνα Διόγνητον εἶλεν, ὃς οἰκείαν δύναμιν ἔχων συνεμάχει
τοῖς Μιλησίοις. Πολλῷ δὲ ἐνεχόμενος πόθῳ διε-
πέμπετο πρὸς αὐτήν· οὐ γὰρ δή γε θεμιτὸν ἦν
ἱκέτιν οὖσαν ἐν τῷ ἱερῷ βιάζεσθαι· ἡ δὲ ἕως μέν
τινος οὐ προσίετο τοὺς παραγινομένους, ἐπεὶ
μέντοι πολὺς ἐνέκειτο, οὐκ ἔφη πεισθήσεσθαι
αὐτῷ, εἰ μὴ ὀμόσειεν ὑπηρετήσειν αὐτῇ, ὅ τι ἂν
βουληθῇ. Ὁ δὲ Διόγνητος οὐδὲν ὑποτοπήσας
τοιόνδε μάλα προθύμως ὤμοσεν Ἄρτεμιν, χα-
ριεῖσθαι αὐτῇ, ὅ τι ἂν προαιρῆται· κατομοσαμένου
δὲ ἐκείνου [καὶ] λαβομένη τῆς χειρὸς αὐτοῦ ἡ
Πολυκρίτη μιμνήσκεται περὶ προδοσίας τοῦ
χωρίου καὶ πολλὰ καθικετεύει αὐτήν τε οἰκτεί-
ρειν καὶ τὰς συμφορὰς τῆς πόλεως. Ὁ ⟨δὲ⟩ Διόγνητος ἀκούσας τοῦ λόγου ἐκτός τε ἐγένετο

32

9. Polykrite.

*[diese Erzählung ist dem ersten Buch der „Naxischen Geschichten"
des Andriskos entnommen; auch Theophrastos schreibt darüber im
vierten Buch der „Betrachtungen über die Zeitgemäßen"]*

*Zur Zeit, als die Milesier mit ihren Hilfsvölkern
gegen die Naxier gezogen waren, das Land nach Er-
richtung einer Befestigungsmauer vor der Stadt ver-
wüsteten und die Naxier eingeschlossen hielten, geschah es nach göttlicher Fügung, daß eine Jungfrau
(namens Polykrite) im delischen Heiligtum, das nahe
bei der Stadt liegt, zurückgeblieben war und den
Feldherrn der Erythraier, Diognetos, der mit seinem
eigenen Heer den Milesiern Hilfe leistete, in Liebe
gefangen nahm. Von großer Sehnsucht ergriffen,
schickte er zu ihr; denn der Schutzsuchenden im Heiligtum Gewalt anzutun, wagte er nicht; eine Zeitlang
schenkte sie den Gesandten kein Gehör, als er sie aber
heftig bestürmen ließ, erklärte sie, sie werde nur dann
nachgeben, wenn er schwöre, ihr einen Wunsch zu
erfüllen. Und Diognetos, der nicht den leisesten Arg-
wohn hatte, schwur sofort bereitwilligst bei Artemis,
ihr jeden Wunsch zu erfüllen; nach dem Schwur faßte
Polykrite seine Hand, kam mit ihm auf den Verrat
der neuen Befestigung zu sprechen und bat ihn in-
ständigst, mit ihr und der Stadt Mitleid zu haben.
Doch als Diognetos diesen Wunsch vernahm, geriet
er außer sich, zog das Schwert und schickte sich an,*

33

αὐτοῦ καὶ σπασάμενος τὴν μάχαιραν ὥρμησεν διεργάσασθαι τὴν κόρην. Ἐν νῷ μέντοι λαβὼν τὸ εὔγνωμον αὐτῆς καὶ ἅμα ὑπ' ἔρωτος κρατούμενος (ἔδει γάρ, ὡς ἔοικε, καὶ Ναξίοις μεταβολὴν γενέσθαι τῶν παρόντων κακῶν) τότε μὲν οὐδὲν ἀπεκρίνατο βουλευόμενος τί ποιητέον εἴη, τῇ δ' ὑστεραίᾳ καθωμολογήσατο προδώσειν. Καὶ ἐν τούτῳ δὴ τοῖς Μιλησίοις ἑορτὴ μετὰ ⟨τὴν⟩ τρίτην ἡμέραν Θαργήλια ἐπῄει, ἐν ᾗ πολύν τε ἄκρατον εἰσφοροῦνται καὶ τὰ πλείστου ἄξια καταναλίσκουσι· τότε παρεσκευάζετο προδιδόναι τὸ χωρίον, καὶ εὐθέως διὰ τῆς Πολυκρίτης ἐνθέμενος εἰς ἄρτον μολυβδίνην ἐπιστολὴν ⟨ἐπιστέλλει⟩ τοῖς ἀδελφοῖς αὐτῆς (ἐτύγχανον δὲ ἄρα τῆς πόλεως ἡγεμόνες οὗτοι), ὅπως εἰς ἐκείνην τὴν νύκτα παρασκευασάμενοι ἥκωσιν· σημεῖον δὲ αὐτοῖς ἀνασχήσειν αὐτὸς ἔφη λαμπτῆρα. Καὶ ἡ Πολυκρίτη δὲ τῷ κομίζοντι τὸν ἄρτον φράζειν ἐκέλευε τοῖς ἀδελφοῖς μὴ ἐνδοιᾶσθαι, ὡς τῆς πράξεως ἐπὶ τέλος ἀχθησομένης, εἰ μὴ ἐκεῖνοι ἐνδοιασθεῖεν. Τοῦ δὲ ἀγγέλου ταχέως εἰς τὴν πόλιν ἐλθόντος Πολυκλῆς, ὁ τῆς Πολυκρίτης ἀδελφός, ἐν πολλῇ φροντίδι ἐγίνετο, εἴτε πεισθείη τοῖς ἐπεσταλμένοις εἴτε μή· τέλος δὲ ὡς ἐδόκει πᾶσι πείθεσθαι καὶ νὺξ ἐπῆλθεν, ἐν ᾗ προσετέτακτο πᾶσι παραγίνεσθαι, πολλὰ κατευξάμενοι τοῖς θεοῖς δεχο-

das Mädchen zu töten. Dann freilich gab er in Erkenntnis der anständigen Gesinnung des Mädchens und zugleich von Liebe übermannt (denn anscheinend sollte für die Naxier in ihrer gegenwärtigen Bedrängnis ein Umschwung eintreten), keine Antwort und überlegte, was zu tun sei; tagsdarauf sagte er ihr den Verrat zu. Nun fiel aber auf den dritten Tag nachher bei den Milesiern das Thargelienfest, anläßlich dessen viel ungemischter Wein getrunken und das Beste gegessen wird; für diesen Tag setzte er den Verrat der Befestigung an, sogleich schickte er mit Hilfe der Polykrite einen Brief aus Blei, der in ein Brot gelegt war, zu ihren Brüdern (sie waren nämlich Befehlshaber der Stadt), sie mögen in jener Nacht bewaffnet ausbrechen, er werde ihnen als Zeichen eine Fackel emporhalten. Polykrite befahl dem, der das Brot überbringen sollte, ihren Brüdern zu bestellen, sie mögen keine Bedenken hegen, der Schritt würde gelingen, wenn sie nicht zögerten. Als der Bote eilends in die Stadt kam, hegte der Bruder der Polykrite großen Zweifel, ob er dem Auftrag trauen sollte oder nicht; schließlich aber, als alle dafür waren und die Nacht hereingebrochen war, in der sie sich zu sammeln hatten, drangen sie nach Anrufung der Götter, von den Leuten des Diognetos erwartet, in das Lager der Milesier ein, teils durch das offene Tor, teils durch Übersteigen der Mauer, und als genügend viele drin-

μένων αὐτοὺς τῶν ἀμφὶ Διόγνητον ἐσπίπτουσιν εἰς τὸ τεῖχος τῶν Μιλησίων, οἱ μέν τινες κατὰ τὴν ἀνεῳγμένην πυλίδα, οἱ δὲ καὶ τὸ τεῖχος ὑπερελθόντες, ἀθρόοι τε ἐντὸς γενόμενοι κατέκαινον τοὺς Μιλησίους· ἔνθα δὴ κατ᾽ ἄγνοιαν ἀποθνήσκει καὶ ὁ Διόγνητος. Τῇ δ᾽ ἐπιούσῃ οἱ Νάξιοι πάντες πολὺν πόθον εἶχον ἱλάσασθαι τὴν κόρην· καὶ οἱ μέν τινες αὐτὴν μίτραις ἀνέδουν, οἱ δὲ ζώναις, αἷς βαρηθεῖσα ἡ παῖς διὰ ⟨τὸ⟩ πλῆθος τῶν ἐπιρριπτουμένων ἀπεπνίγη. Καὶ αὐτὴν δημοσίᾳ θάπτουσιν ἐν τῷ πεδίῳ πάντα ἕκατον ἐναγίσαντες αὐτῇ· φασὶ δέ τινες καὶ Διόγνητον ἐν τῷ αὐτῷ καῆναι, ἐν ᾧ καὶ ἡ παῖς, σπουδασάντων Ναξίων.

10. Περὶ Λευκώνης

Ἐν δὲ Θεσσαλίᾳ Κυάνιππος, υἱὸς Φάρακος, μάλα καλῆς παιδὸς εἰς ἐπιθυμίαν Λευκώνης ἐλθών, παρὰ τῶν πατέρων αἰτησάμενος αὐτὴν ἠγάγετο γυναῖκα. Ἦν δὲ φιλοκύνηγος, ⟨καὶ⟩ μεθ᾽ ἡμέραν μὲν ἐπί τε λέοντας καὶ κάπρους ἐφέρετο, νύκτωρ δὲ κατῄει πάνυ κεκμηκὼς πρὸς τὴν κόρην, ὥστε μηδὲ διὰ λόγων γενόμενος αὐτῇ εἰς βαθὺν ὕπνον καταφέρεσθαι. Ἡ δ᾽ ἄρα ὑπό τε ἀνίας καὶ ἀλγηδόνων συνεχομένη ἐν πολλῇ

nen waren, metzelten sie die Milesier nieder; dabei
fiel durch einen Irrtum auch Diognetos. Am folgenden Tag fühlten alle Naxier aufrichtiges Verlangen,
das Mädchen zu ehren; da wanden die einen Kopf-
binden und die anderen Gürtel um sie, durch deren
Last und Anzahl das Mädchen erstickte. Die Naxier
bestatteten es auf Staatskosten in der Ebene und
brachten ihm viele Totenopfer dar; einige erzählen,
auch Diognetos sei auf Betreiben der Naxier an der-
selben Stelle wie das Mädchen verbrannt worden.

10. Leukone

In Thessalien hatte Kyanippos, des Pharax Sohn,
Sehnsucht nach Leukone, einem überaus hübschen
Mädchen. Er bat ihre Eltern um ihre Hand und erhielt sie zur Frau. Doch er war ein passionierter Jä-
ger, tagsüber jagte er auf Löwen und Eber, in der
Nacht kam er dann todmüde zu seiner jungen Frau,
so daß er häufig, ohne mit ihr gesprochen zu haben,
in. tiefen Schlaf verfiel. Darob geriet sie aus qual-
vollem Kummer in große Verzweiflung und war sehr
begierig herauszubekommen, warum denn Kyanippos

ἀμηχανίᾳ ἦν σπουδήν τε ἐποιεῖτο κατοπτεῦσαι τὸν Κυάνιππον, ὅ τι ποιῶν ἥδοιτο τῇ κατ' ὄρος διαίτῃ· αὐτίκα δὲ εἰς γόνυ ζωσαμένη κρύφα τῶν θεραπαινίδων εἰς τὴν ὕλην καταδύνει. Αἱ δὲ τοῦ Κυανίππου κύνες ἐδίωκον μὲν ἔλαφον, οὖσαι δὲ οὐ πάνυ κτίλοι, ἅτε δὴ ἐκ πολλοῦ ἠγριωμέναι, ὡς ὠσφρήσαντο τῆς κόρης, ἐπηνέχθησαν αὐτῇ καὶ μηδενὸς παρόντος πᾶσαν διεσπάραξαν. Καὶ ἡ μὲν διὰ πόθον ἀνδρὸς κουριδίου ταύτῃ τέλος ἔσχεν. Κυάνιππος δέ, ὡς ἐπελθὼν κατελάβετο λελωβημένην τὴν Λευκώνην, μεγάλῳ τε ἄχει ἐπληρώθη καὶ ἀνακαλεσάμενος τοὺς ἀμφ' αὑτὸν ἐκείνην μὲν πυρὰν νήσας ἐπέθετο, αὐτὸς δὲ πρῶτον μὲν τὰς κύνας ἐπικατέσφαξε τῇ πυρᾷ, ἔπειτα δὲ πολλὰ ἀποδυράμενος τὴν παῖδα διεχρήσατο ἑαυτόν.

11. Περὶ Βυβλίδος

['Ιστορεῖ 'Αριστόκριτος περὶ Μιλήτου καὶ 'Απολλώνιος ὁ 'Ρόδιος Καύνου κτίσει]

Περὶ δὲ Καύνου καὶ Βυβλίδος, τῶν Μιλήτου παίδων, διαφόρως ἱστορεῖται. Νικαίνετος μὲν γάρ φησι τὸν Καῦνον ἐρασθέντα τῆς ἀδελφῆς, ὡς οὐκ ἔληγε τὸ πάθος, ἀπολιπεῖν τὴν οἰκίαν καὶ ὁδεύσαντα πόρρω τῆς οἰκείας χώρας πόλιν τε κτίσαι

gar so gerne im Gebirge verweile; schnurstracks
schürzte sie sich bis ans Knie und verbarg sich, unge-
sehen von ihren Mägden, im Walde. Die Hunde des
Kyanippos jagten gerade einen Hirsch, sie waren
durchaus nicht zahm, sondern seit langem verwildert;
als sie die junge Frau witterten, fielen sie über sie her
und, da niemand dabei war, zerfleischten sie diese
vollkommen. Ein solches Ende fand sie dort aus Liebe
zu ihrem Ehegemahl. Als Kyanippos hinzukam und
Leukone so zugerichtet fand, erfüllte ihn großes Weh
und er rief seine Begleiter herbei, errichtete einen
Scheiterhaufen und legte sie darauf, zuerst schlachtete
er die Hunde auf dem Holzstoß, dann, nachdem er
seine Frau laut bejammert hatte, tötete er sich selbst.

11. Byblis

*[nach Aristokritos „Über Milet" und nach Apollodoros aus Rhodos
in der „Gründung von Kaunos"]*

Über Kaunos und Byblis, die Kinder des Miletos,
lauten die Erzählungen verschieden. Nikainetos berichtet nämlich, Kaunos habe seine Schwester geliebt
und, da seine Liebesleidenschaft nicht nachließ, die
Heimat verlassen, nach langer Wanderung in der
Fremde eine Stadt gegründet und darin die damals

39

καὶ τοὺς ἀπεσκεδασμένους τότε Ἴωνας ἐνοικίσαι.
Λέγει δὲ ἔπεσι τοῖσδε·

αὐτὰρ ὅ γε προτέρωσε κιὼν Οἰκούσιον ἄστυ
κτίσσατο, Τραγασίῃ δὲ Κελαινοῦς εἴχετο
παιδί,
ἥ οἱ Καῦνον ἔτικτεν ἀεὶ φιλέοντα θέμιστας·
γείνατο δὲ ῥαδαλῆς ἐναλίγκιον ἀρκεύθοισι
Βυβλίδα, τῆς ἤτοι ἀέκων ἠράσσατο Καῦνος·

* * * * * * * *

βῆ δ' ἐπ' ἔραν Δίας φεύγων ὀφρυώδια Κύδνον
Κάπρον θ' ὑλιγενὲς καὶ Κάρια ἱρὰ λοετρά·

* * * * * * * *

ἔνθ' ἤτοι πτολίεθρον ἐδείματο πρῶτος Ἰώνων.
αὐτὴ δὲ γνωτὴ, ὀλολυγόνος οἶτον ἔχουσα,
Βυβλὶς ἀποπρὸ Πυλῶν Καύνου ὠδύρατο
νόστον.

Οἱ δὲ πλείους τὴν Βυβλίδα φασὶν ἐρασθεῖσαν τοῦ
Καύνου λόγους αὐτῷ προσφέρειν καὶ δεῖσθαι μὴ
περιιδεῖν αὐτὴν εἰς πᾶν κακὸν προελθοῦσαν·
ἀποστυγήσαντα δὲ οὕτως τὸν Καῦνον περαιω-
θῆναι εἰς τὴν τότε ὑπὸ Λελέγων κατεχομένην
γῆν, ἔνθα κρήνη Ἐχενηΐς, πόλιν τε κτίσαι τὴν
ἀπ' αὐτοῦ κληθεῖσαν Καῦνον· τὴν δὲ ἄρα ὑπὸ τοῦ
πάθους μὴ ἀνιεμένην, πρὸς δὲ καὶ δοκοῦσαν

noch verstreut wohnenden Jonier angesiedelt. Dies
erzählt er mit folgenden Versen:

„Vorwärts wandernd errichtet er drauf Oikusions
Festung,
führte alsdann Tragasia heim, die Tochter Kelainos,
die dem Gatten den Kaunos gebar, der stets die Ge-
setze
wahrte, zudem eine Tochter, dem schlanken Wachol-
der sehr ähnlich,
Byblis, für die dann Kaunos entbrannte, vom Schicksal bezwungen,

— — — — — — — — — — — — — — — — —

wandte Dias Burg sich zu, das hangreiche Kydnos
fliehend, das waldige Kapros und Kariens heilende
Bäder;

— — — — — — — — — — — — — — — — —

gründete hier, man weiß es, als erster der Joner ein
Städtchen.
Klagend bejammerte Byblis, die Schwester, dem Käuz-
lein vergleichbar,
fern vor dem Tore der Stadt, die unselige Liebe zu
Kaunos."

Die meisten hingegen berichten, Byblis habe den
Kaunos geliebt, ihm ihre Liebe gestanden und ihn gebeten, sie nicht völlig dem drohenden Unheil preiszu-
geben, doch Kaunos war darüber so entsetzt, daß er
in das damals von den Lelegern bewohnte Gebiet aus-
gewandert sei, dort, wo die Quelle Echeneis fließt,
und hier die nach ihm genannte Stadt Kaunos gründete; Byblis aber hat, da ihre Liebessehnsucht nicht

αἰτίαν γεγονέναι Καύνῳ τῆς ἀπαλλαγῆς, ἀναψαμένην ἀπό τινος δρυὸς τὴν μίτραν ἐνθεῖναι τὸν τράχηλον. Λέγεται δὲ καὶ παρ' ἡμῖν οὕτως·

ἡ δ' ὅτε δή ⟨ῥ'⟩ ὀλοοῖο κασιγνήτου νόον ἔγνω,
κλαῖεν ἀηδονίδων θαμινώτερον, αἵτ' ἐνὶ
βήσσης
Σιθονίῳ κούρῳ πέρι μυρίον αἰάζουσιν·
καί ῥα κατὰ στυφελοῖο σαρωνίδος αὐτίκα
μίτρην
ἁψαμένη δειρὴν ἐνεθήκατο, ταὶ δ' ἐπ' ἐκείνῃ
βεύδεα παρθενικαὶ Μιλησίδες ἐρρήξαντο.

Φασὶ δέ τινες καὶ ἀπὸ τῶν δακρύων κρήνην ῥυῆναι ἰδίᾳ τὴν καλουμένην Βυβλίδα.

12. Περὶ Κάλχου

Λέγεται δὲ καὶ Κίρκης, πρὸς ἣν Ὀδυσσεὺς ἦλθε, Δαύνιόν τινα Κάλχον ἐρασθέντα τήν τε βασιλείαν ἐπιτρέπειν τὴν Δαυνίων αὐτῇ καὶ ἄλλα πολλὰ μειλίγματα παρέχεσθαι, τὴν δὲ ὑποκαιομένην Ὀδυσσέως (τότε γὰρ ἐτύγχανε παρὼν) ἀποστυγεῖν τε αὐτὸν καὶ κωλύειν ἐπιβαίνειν τῆς νήσου. Ἐπεὶ μέντοι οὐκ ἀνίει φοιτῶν καὶ διὰ

nachließ und sie sich die Schuld an der Auswanderung des Kaunos beimaß, an eine Eiche ihre Kopfbinde geknüpft und sich erhängt.

Auch bei mir wird es so erzählt:

„Als sie den Willen des Bruders, der Unheil gestiftet, erkannte,
klagte sie heftiger noch, als um den sithonischen Knaben
endlos jammernd die Nachtigall stöhnt im schattigen Waldtal;
plötzlich schlang sie fürwahr ihres Hauptes Binde an einen
knotigen Zweig, sich erdrosselnd, und starb; doch über sie trauernd
reißen entzwei die kostbaren Kleider milesische Jungfraun.“

Einige erzählen auch, aus den Tränen sei die nie versiegende Quelle entstanden, die Byblis genannt wird.

12. Kalchos

Man erzählt, daß ein gewisser Kalchos aus Daunia Kirke, zu der Odysseus kam, geliebt habe, ihr das Königreich der Daunier übergeben wollte und auch andere zahlreiche Gaben anbot, sie aber habe ihn, da sie in Odysseus (der damals gerade bei ihr war) verliebt war, abgewiesen und ihm die Insel zu betreten verboten. Als er dennoch kam und immer nach ihr rief, war sie darüber sehr verärgert und griff zu einer

στόμα ἔχων τὴν Κίρκην, μάλα ἀχθεσθεῖσα ὑπέρχεται αὐτὸν καὶ αὐτίκα εἰσκαλεσαμένη τράπεζαν
αὐτῷ παντοδαπῆς θοίνης πλήσασα παρατίθησιν·
ἦν δ' ἄρα φαρμάκων ἀνάπλεω τὰ ἐδέσματα,
φαγών τε ὁ Κάλχος εὐθέως παραπλὴξ ἵεται, καὶ
αὐτὸν [μεταβαλοῦσα εἰς σῦν] ἤλασεν εἰς συφεούς.
Ἐπεὶ μέντοι μετὰ χρόνον Δαύνιος στρατὸς ἐπῄει
τῇ νήσῳ ζήτησιν ποιούμενος τοῦ Κάλχου, μεθίη-
σιν αὐτὸν πρότερον ὁρκίοις καταδησαμένη μὴ
ἀφίξεσθαί ποτε εἰς τὴν νῆσον μήτε μνηστείας μήτε
ἄλλου τοῦ χάριν.

13. Περὶ Ἀρπαλύκης

[Ἱστορεῖ Εὐφορίων Θρᾳκὶ καὶ Δεκτάδας]

Κλύμενος δὲ ὁ Τελέως ἐν Ἄργει γήμας Ἐπι-
κάστην γεννᾷ παῖδας, ἄρρενας μὲν Ἴδαν καὶ
Θήραγρον, θυγατέρα δὲ Ἀρπαλύκην πολύ τι τῶν
ἡλίκων θηλειῶν κάλλει διαφέρουσαν. Ταύτης
εἰς ἔρωτα ἐλθὼν χρόνον μέν τινα ἐκαρτέρει καὶ
περιῆν τοῦ παθήματος· ὡς δὲ πολὺ μᾶλλον αὐτὸν
ὑπέρρει τὸ νόσημα, τότε διὰ τῆς τροφοῦ κατεργα-
σάμενος τὴν κόρην λαθραίως αὐτῇ συνῆλθεν.
Ἐπεὶ μέντοι γάμου καιρὸς ἦν καὶ παρῆν Ἀλά-
στωρ, εἷς τῶν Νειλειδῶν, ἀξόμενος αὐτήν, ᾧ
καθωμολόγητο, παραχρῆμα μὲν ἐνεχείρισε πάνυ

44

List; sie beschied ihn alsbald zu sich und ließ ihm
einen mit mannigfachen Speisen gedeckten Tisch auf-
tragen; aber sämtliche Speisen waren vergiftet; kaum
hatte Kalchos davon genossen, da verwirrten sich
auch schon seine Sinne, und sie trieb ihn [nachdem sie
ihn in ein Schwein verwandelt hatte] in die Schweine-
ställe. Als aber nach einiger Zeit auf der Insel ein
daunisches Heer mit dem Auftrag, nach Kalchos zu
forschen, landete, gab sie ihn frei, doch nicht, ohne
ihm vorher die eidliche Versicherung abgenommen zu
haben, nie wieder auf die Insel zu kommen, weder
als Freier, noch aus einem anderen Grunde.

13. Harpalyke
[nach Euphorion im „Thraker" und nach Dektadas]

Klymenos, des Peleus Sohn, heiratete in Argos Epi-
kaste und zeugte mit ihr Kinder, die Söhne Idas und
Theragros und eine Tochter Harpalyke, die ihre Al-
tersgenossinnen an Schönheit weit übertraf. In diese
verliebte sich Klymenos. Einige Zeit hatte er sich in
der Gewalt und war Herr seiner Leidenschaft; als
dieses Übel aber immer mehr die Oberhand gewann,
stimmte er schließlich das Mädchen mit Hilfe seiner
Amme doch um und hatte heimlich mit ihm Umgang.
Als nun die Zeit, es zu verheiraten, näherrückte,
und Alastor, einer der Neileidcn, dem es versprochen
war, ankam, um es abzuholen, übergab er es ihm
ohneweiteres und rüstete sogar eine glänzende Hoch-

λαμπροὺς γάμους δαίσας· μεταγνοὺς δὲ οὐ πολὺ
ὕστερον διὰ τὸ ἔκφρων εἶναι καταθεῖ τὸν Ἀλά-
στορα καὶ περὶ μέσην ὁδὸν αὐτῶν ἤδη ὄντων
ἀφαιρεῖται τὴν κόρην ἀγόμενός τε εἰς Ἄργος
ἀναφανδὸν αὐτῇ ἐμίσγετο. Ἡ δὲ δεινὰ καὶ
ἔκνομα πρὸς τοῦ πατρὸς ἀξιοῦσα πεπονθέναι τὸν
νεώτερον ἀδελφὸν κατακόπτει καί τινος ἑορτῆς
καὶ θυσίας παρ' Ἀργείοις τελουμένης, ἐν ᾗ δημοσίᾳ πάντες εὐωχοῦνται, [καὶ] τότε σκευάσασα
τὰ κρέα τοῦ παιδὸς παρατίθησι τῷ πατρί. Καὶ
ταῦτα δράσασα αὐτὴ μὲν εὐξαμένη θεοῖς ἐξ ἀνθρώπων ἀπαλλαγῆναι μεταβάλλει τὴν ὄψιν εἰς
χαλκίδα ὄρνιν, Κλύμενος δὲ, ὃς ἔννοιαν ἔλαβε
τῶν συμφορῶν, διαχρῆται ἑαυτόν.

14. Περὶ Ἀνθέως

[Ἱστορεῖ Ἀριστοτέλης καὶ οἱ τὰ Μιλησιακά]

Ἐκ δὲ Ἁλικαρνασσοῦ παῖς Ἀνθεύς, ἐκ βασιλείου γένους, ὡμήρευσε παρὰ Φοβίῳ, ἑνὶ τῶν
Νειλειδῶν, τότε κρατοῦντι Μιλησίων. Τούτου
Κλεόβοια, ἥν τινες Φιλαίχμην ἐκάλεσαν, τοῦ
Φοβίου γυνή, ἐρασθεῖσα πολλὰ ἐμηχανᾶτο εἰς
τὸ προσαγαγέσθαι τὸν παῖδα. Ὡς δὲ ἐκεῖνος
ἀπεωθεῖτο, ποτὲ μὲν φάσκων ὀρρωδεῖν μὴ κατά-
δηλος γένοιτο, ποτὲ δὲ Δία Ξένιον καὶ κοινὴν

46

zeit; aber schon bald reute ihn dies, in seiner Verrücktheit überfiel er den Alastor und nahm ihm mitten auf dem Weg, auf dem sie sich schon befanden, das Mädchen wieder weg und führte es nach Argos, wo er es öffentlich beschlief. Dies fand Harpalyke von ihrem Vater schändlich und verbrecherisch gehandelt; sie schlachtete ihren jüngeren Bruder und, da bei den Argeiern gerade ein Opferfest stattfand, bei dem alle auf Staatskosten speisten, richtete sie das Fleisch des Knaben zurecht und setzte es ihrem Vater vor. Nach dieser Untat bat sie die Götter, sie aus der Gemeinschaft der Menschen zu entlassen und verwandelte sich in den Vogel Chalkis; Klymenos aber brachte sich um, weil diese Vorfälle auf seinem Gewissen lasteten.

14. Antheus

[nach Aristoteles und nach den Verfassern der „Milesischen Geschichten"]

Antheus, ein Jüngling aus Halikarnass, aus königlichem Geschlecht, lebte als Geisel bei Phobios, einem der Neileiden, der damals über die Milesier herrschte. In ihn verliebte sich die Gattin des Phobios, Kleoboia, die manche Philaichme nannten; sie strebte mit allen erdenklichen Mitteln darnach, den jungen Mann zu verführen. Da er sich aber ablehnend verhielt, einmal indem er vorgab, er fürchte, die Sache könnte

τράπεζαν προϊσχόμενος, ἡ Κλεόβοια κακῶς φε-
ρομένη ἐν νῷ εἶχε τίσασθαι αὐτόν, ἀνηλεῆ τε καὶ
ὑπέραυχον ἀποκαλουμένη. Ἔνθα δὴ χρόνου
προϊόντος τοῦ μὲν ἔρωτος ἀπηλλάχθαι προσε-
ποιήθη, πέρδικα δὲ τιθασσὸν εἰς βαθὺ φρέαρ κα-
τασοβήσασα ἐδεῖτο τοῦ Ἀνθέως, ὅπως κατελθὼν
ἀνέλοιτο αὐτόν· τοῦ δὲ ἑτοίμως ὑπακούσαντος
διὰ τὸ μηδὲν ὑφορᾶσθαι ἡ Κλεόβοια ἐπισείει στι-
βαρὸν αὐτῷ πέτρον· καὶ ὁ μὲν παραχρῆμα ἐτεθνήκει, ἡ δὲ ἄρα ἐννοηθεῖσα, ὡς δεινὸν ἔργον
ἐδεδράκει, καὶ ἄλλως δὲ καιομένη σφοδρῷ ἔρωτι
τοῦ παιδὸς ἀναρτᾷ ἑαυτήν. Φοβίος μέντοι διὰ
ταύτην τὴν αἰτίαν ὡς ἐναγὴς παρεχώρησε Φρυγίῳ
τῆς ἀρχῆς. Ἔφασαν δέ τινες οὐ πέρδικα, σκεῦος
δὲ χρυσοῦν εἰς τὸ φρέαρ βεβλῆσθαι, ὡς καὶ
Ἀλέξανδρος ὁ Αἰτωλὸς μέμνηται ἐν τοῖσδε ἐν
Ἀπόλλωνι·

  παῖς Ἱπποκλῆος Φοβίος Νειληϊάδαο
    ἔσται ἰθαιγενέων γνήσιος ἐκ πατέρων·
  τῷ δ' ἄλοχος μνηστὴ δόμον ἵξεται, ἧς ἔτι νύμφης
    ἠλάκατ' ἐν θαλάμοις καλὸν ἑλισσομένης,
  Ἀσσησοῦ βασιλῆος ἐλεύσεται ἔκγονος
                  Ἀνθεύς,
  ὅρκι' ὁμηρείης πίστ' ἐπιβωσάμενος,
  πρωθήβης, ἔαρος θαλερώτερος· (οὐδὲ Μελίσσῳ
  Πειρήνης τοιόνδ' ἀλφεσίβοιον ὕδωρ

ruchbar werden, dann wieder, indem er Zeus, den Schützer des Gastrechtes, und den gemeinsamen Tisch als Vorwand gebrauchte, beschloß Kleoboia in ihrem gekränkten Stolz, sich an ihm, den sie unbarmherzig und hochmütig schalt, zu rächen. In der Folgezeit stellte sie sich so, als ob sie von ihrer Liebe geheilt wäre; und nachdem sie ein zahmes Rebhuhn in einen tiefen Brunnen geworfen hatte, bat sie Antheus, hinabzusteigen und es heraufzuholen; und als er sich, nichts ahnend, dazu herbeiließ, warf Kleoboia einen schweren Stein auf ihn und tötete ihn damit auf der Stelle; sie aber, der erst jetzt zum Bewußtsein kam, was sie für ein scheußliches Verbrechen begangen hatte, erhängte sich, zumal da sie die unglückliche Liebe zu dem Knaben verzehrte. Phobios, dadurch fluchbeladen, trat seine Herrschaft an Phrygios ab. Manche berichten, nicht ein Rebhuhn, sondern ein goldenes Gefäß sei in den Brunnen geworfen worden; so erwähnt dies auch der Aitolier Alexandros in seinem „Apollon" mit folgenden Versen:

„Phobios folgte darauf, des Neileiaden Hippokles
Sohn, der echtem Geblüt, edlem Geschlechte entstammt;
diesem wird die erkorne Gemahlin ins Haus dereinst kommen,
drehend im eigenen Heim hurtig die Spindel als Frau,
Antheus wird ihr begegnen, der Sohn des Königs Assesos,
heiliger Eide Schutz heischend als Lebensgewähr,
strotzend von Kraft und schön wie der Frühling
(sogar dem Melissos

θηλήσει μέγαν υἱόν, ἀφ' οὗ μέγα χάρμα Κο-
ρίνθῳ
ἔσται καὶ βριαροῖς ἄλγεα Βακχιάδαις·)
Ἀνθεὺς Ἑρμείῃ ταχινῷ φίλος, ᾧ ἔπι νύμφη
μαινὰς ἄφαρ σχήσει τὸν λιθόλευστον ἔρων·
καί ἑ καθαψαμένη γούνων ἀτέλεστα κομίσσαι
πείσει· ὁ δὲ Ζῆνα Ξείνιον αἰδόμενος
σπονδάς τ' ἐν Φοβίου καὶ ἄλα ξυνεῶνα θαλάσσης,
κρήναις καὶ ποταμοῖς νίψετ' ἀεικὲς ἔπος.
ἡ δ' ὅταν ἀρνῆται μελεὸν γάμον ἀγλαὸς
Ἀνθεύς,
δὴ τότε οἱ τεύξει μητιόεντα δόλον
μύθοις ἐξαπαφοῦσα· λόγος δέ οἱ ἔσσεται
οὗτος.
γαυλός μοι χρύσεος φρείατος ἐκ μυχάτου
νῦν ὅτ' ἀνελκόμενος διὰ μὲν καλὸν ἤρικεν
οὗσον,
αὐτὸς δ' ἐς νύμφας ᾤχετ' ἐφυδριάδας·
πρὸς σὲ θεῶν ἀλλ' εἴ μοι, ἐπεὶ καὶ πᾶσιν ἀκούω
ῥηιδίην οἶμον τοῦδ' ἔμεναι στομίου,
ἰθύσας ἀνέλοιο, τότ' ἂν μέγα φίλτατος εἴης.
ὧδε μὲν ἡ Φοβίου Νειλεΐδαο δάμαρ
φθέγξεθ'· ὁ δ' οὐ φρασθεὶς ἀπὸ μὲν Λελε-
γήιον εἷμα
μητρὸς ἑῆς ἔργον θήσεται Ἑλλαμενῆς,

wird nicht solch ein Sohn blühen am nährenden Quell,
Freude wird kommen von ihm dereinst den Bewoh-
                    nern Korinthos',
doch wird auch bitteres Leid Bakchis Geschlecht einst
                    zuteil).
Viel gilt Antheus dem schnellen Hermeias, in straf-
                    barer Liebe
wird zu dem Jüngling bald Phobios Gattin erglüh'n;
heiß erfleht vom Knaben sie lüsternes Treiben der
                    Liebe,
aber umsonst; denn er, achtend des Phobios Schwur,
auch das gemeinsame Salz und Zeus, den Beschützer
                    des Gastrechts,
spült das unziemliche Wort ab mit Flüssen und Quell.
Als nun der prächtige Antheus verwehrt die verhaßte
                    Gemeinschaft,
trachtet die Frevlerin rasch heimlich auf tückische List,
schmeichelnd mit Worten, bekommt er zu hören fol-
                    genden Auftrag:
dort im Brunnen im Hof hang mir ein goldener Krug,
aufziehend riß mir das Seil, das inzwischen morsch
                    schon geworden,
und zu den Nymphen des Naß stürzte er sausend
                    hinab;
o, bei den Göttern, wenn du mir ihn, denn ich höre,
                    der Weg sei
jedermann leicht von dem Rand tief hinab auf den
                    Grund;
wenn du ihn holen mir wolltest, wärst du der teuer-
                    ste Freund mir.

αὐτὸς δὲ σπεύδων κοῖλον καταβήσεται ἄγκος
φρείατος· ἡ δ' ἐπὶ οἱ λιρὰ νοεῦσα γυνὴ
ἀμφοτέραις χείρεσσι μυλακρίδα λᾶαν ἐνήσει·
καὶ τόθ' ὁ μὲν ξείνων πολλὸν ἀποτμότατος
ἠρίον ὀγκώσει τὸ μεμορμένον, ἡ δ' ὑπὸ δειρὴν
ἁψαμένη σὺν τῷ βήσεται εἰς Ἀίδην.

15. Περὶ Δάφνης

[Ἡ ἱστορία παρὰ Διοδώρῳ τῷ Ἐλαΐτῃ ἐν ἐλεγείαις καὶ
Φυλάρχῳ ἐν ιε']

Περὶ δὲ τῆς Ἀμύκλα θυγατρὸς τάδε λέγεται
Δάφνης. Αὕτη τὸ μὲν ἅπαν εἰς πόλιν οὐ κατῄει
⟨οὐδ' ἀνεμίσγετο ταῖς λοιπαῖς παρθένοις⟩, παρα-
σκευασαμένη δὲ πολλοὺς κύνας ἐθήρευεν καὶ ἐν
τῇ Λακωνικῇ καὶ ἐπιφοιτῶσα εἰς τὰ λοιπὰ τῆς
Πελοποννήσου ὄρη· δι' ἣν αἰτίαν μάλα καταθύ-
μιος ἦν Ἀρτέμιδι, καὶ αὐτὴν εὔστοχα βάλλειν
ἐποίει. Ταύτης περὶ τὴν Ἠλιδίαν ἀλωμένης Λεύκιππος, Οἰνομάου παῖς, εἰς ἐπιθυμίαν ἦλθε καὶ τὸ
μὲν ἄλλως πως αὐτῆς πειρᾶσθαι ἀπέγνω, ἀμφιε-

Also wird sprechen die Frau, Phobios Gattin, mit Trug.
Böses nicht ahnend entfernt er die lelegeische Kleidung,
Antheus Mutters Werk, das sie dem Sohne gewirkt;
eilig steigt er hinab in den tiefen Schacht dieses Brunnens,
doch des Hippokles Weib, Rache nur sinnend, ergreift
flugs mit ganzer Kraft den großen zermalmenden Mühlstein;
so wird dem unsel'gen Gast hier vom Schicksal das Grab;
doch Kleoboia legt hierauf den Hals in die Schlinge,
eilends schreitend damit, bis sie zum Hades gelangt."

15. Daphne

[nach Diodor aus Elis in den „Elegien" und nach Phylarchos im 15. Buch]

Von Amyklas Tochter Daphne wird folgendes erzählt: Niemals ging sie in die Stadt (und verkehrte auch nicht mit anderen Mädchen), sondern sie schaffte sich viele Hunde an und jagte in Lakonien, dabei kam sie auch in die übrigen Gebirge des Peloponnesos; wegen ihrer Jagdliebhaberei war sie bei Artemis sehr geschätzt, die ihr Treffsicherheit verlieh. Als sie nun in Elis umherstreifte, entbrannte Leukippos, des Oinomaos Sohn, in Liebe zu ihr, und weil er sie nicht anders zu gewinnen hoffen konnte, legte er Mädchenkleidung an und jagte als Mädchen mit ihr. Und so geschah es, daß er ihr gefiel und sie die ganze

σάμενος δὲ γυναικείας ἀμπεχόνας καὶ ὁμοιωθεὶς κόρῃ συνεθήρα αὐτῇ. Ἔτυχε δέ πως αὐτῇ κατὰ νοῦν γενόμενος οὐ μεθίει τε αὐτὸν ἀμφιέπουσά τε καὶ ἐξηρτημένη πᾶσαν ὥραν. Ἀπόλλων δὲ καὶ αὐτὸς τῆς παιδὸς πόθῳ καιόμενος ὀργῇ τε καὶ φθόνῳ εἴχετο τοῦ Λευκίππου συνόντος καὶ ἐπὶ νοῦν αὐτῇ βάλλει σὺν ταῖς λοιπαῖς παρθένοις ἐπὶ κρήνην ἐλθούσαις λούεσθαι. Ἔνθα δὴ ὡς ἀφικόμεναι ἀπεδιδύσκοντο καὶ ἑώρων τὸν Λεύκιππον μὴ βουλόμενον, περιέρρηξαν αὐτόν· μαθοῦσαι δὲ τὴν ἀπάτην καὶ ὡς ἐπεβούλευεν αὐταῖς, πᾶσαι μεθίεσαν εἰς αὐτὸν τὰς αἰχμάς. Καὶ ὁ μὲν δὴ κατὰ θεῶν βούλησιν ἀφανὴς γίνεται, Ἀπόλλωνα δὲ Δάφνη ἐπ' αὐτὴν ἰόντα προϊδομένη μάλα ἐρρωμένως ἔφευγεν· ὡς δὲ συνεδιώκετο, παρὰ Διὸς αἰτεῖται ἐξ ἀνθρώπων ἀπαλλαγῆναι, καὶ αὐτήν φασι γενέσθαι τὸ δένδρον τὸ ἐπικληθὲν ἀπ' ἐκείνης δάφνην.

16. Περὶ Λαοδίκης

['Ιστορεῖ Ἡγήσιππος Παλληνιακῶν]

Ἐλέχθη δὲ καὶ περὶ Λαοδίκης ὅδε λόγος· ὡς ἄρα παραγενομένων ἐπὶ Ἑλένης ἀπαίτησιν Διομήδους καὶ Ἀκάμαντος πολλὴν ἐπιθυμίαν ἔχειν μιγῆναι παντάπασι νέῳ ὄντι Ἀκάμαντι καὶ μέχρι

Zeit an ihm hing. Doch auch Apollon faßte Liebe zu dem Mädchen; aus Zorn und Neid gegen Leukippos, der immer um sie war, ließ er sie auf den Gedanken kommen, mit den übrigen Mädchen zur Quelle zu gehen und zu baden. Als sie, dort angekommen, sich entkleidet hatten und merkten, daß Leukippos dies nicht tun wollte, rissen sie ihm die Kleider vom Leib; alle schleuderten, da sie jetzt den Schwindel und seine Absicht erkannten, ihre Speere nach ihm. Er aber verschwand nach dem Willen der Götter; Daphne dagegen floh, als sie Apollon auf sich zukommen sah, mit aller Kraft, und als er sie verfolgte, bat sie Zeus, sie aus der Mitte der Menschen zu entrücken; sie soll zu einem Baum geworden sein, der nach ihr „Daphne" genannt worden ist.

16. Laodike

[nach Hegesippos in den „Pallenischen Geschichten"]

Auch von Laodike wurde folgende Geschichte erzählt: Als Diomedes und Akamas (nach Troja) gekommen waren, um Helena zurückzufordern, habe Laodike großes Verlangen gehabt, den Akamas, der

μέν τινος ὑπ' αἰδοῦς κατέχεσθαι, ὕστερον δὲ νικω-
μένην ὑπὸ τοῦ πάθους ἀνακοινώσασθαι Περσέως
γυναικὶ (Φυλοβίη αὐτῇ ὄνομα) παρακαλεῖν τε
αὐτὴν ὅσον οὐκ ἤδη διοιχομένη ἀρήγειν αὐτῇ.
Κατοικτείρουσα δὲ τὴν συμφορὰν τῆς κόρης δεῖται
τοῦ Περσέως, ὅπως συνεργὸς αὐτῇ γένηται ἐκέ-
λευέ τε ξενίαν καὶ φιλότητα τίθεσθαι πρὸς τὸν
Ἀκάμαντα. Περσεὺς δὲ τὸ μὲν καὶ τῇ γυναικὶ
βουλόμενος ἁρμόδιος εἶναι, τὸ δὲ καὶ τὴν Λαοδίκην οἰκτείρων, πάσῃ μηχανῇ [ἐπεὶ] τὸν Ἀκάμαντα εἰς Δάρδανον ἀφικέσθαι πείθει· καθίστατο
γὰρ ὕπαρχος τοῦ χωρίου. Ἦλθε ⟨δὲ⟩ καὶ Λαοδίκη
ὡς εἰς ἑορτήν τινα σὺν ἄλλαις τῶν Τρῳάδων ἔτι
παρθένος οὖσα. Ἔνθα δὴ παντοδαπὴν θοίνην
ἑτοιμασάμενος συγκατακλίνει καὶ τὴν Λαοδίκην
αὐτῷ φάμενος μίαν εἶναι τῶν τοῦ βασιλέως παλ-
λακίδων. Καὶ Λαοδίκη μὲν οὕτως ἐξέπλησε τὴν
ἐπιθυμίαν, χρόνου δὲ προϊόντος γίνεται τῷ Ἀκάμαντι υἱὸς Μούνιτος, ὃν ὑπ' Αἴθρας τραφέντα μετὰ
Τροίας ἅλωσιν διεκόμισεν ἐπ' οἴκου· καὶ αὐτὸν
θηρεύοντα ἐν Ὀλύνθῳ τῆς Θρᾴκης ὄφις ἀνεῖλεν.

17. Περὶ τῆς Περιάνδρου μητρός

Λέγεται δὲ καὶ Περίανδρον τὸν Κορίνθιον τὴν
μὲν ἀρχὴν ἐπιεικῆ τε καὶ πρᾶον εἶναι, ὕστερον δὲ
φονικώτερον γενέσθαι δι' αἰτίαν τήνδε. Ἡ μήτηρ

noch sehr jung war, zu besitzen; eine Zeitlang sei sie aus Scham zurückhaltend gewesen, schließlich habe sie sich, von der Leidenschaft übermannt, der Gattin des Perseus (namens Phylobie) mitgeteilt und um Rat und Hilfe gebeten, da sie sonst völlig zugrunde gehen würde. Aus Mitleid mit dem Mißgeschick des Mädchens bat sie Perseus, ihr zu helfen, und empfahl ihm, mit Akamas ein Gastfreundschaftsbündnis zu schließen. Perseus versuchte nun, teils aus Gefälligkeit gegen seine Frau, teils aus Mitleid mit Laodike, mit allen erdenklichen Mitteln, Akamas dazu zu bewegen, nach Dardanos zu kommen; er war nämlich Statthalter dieses Landstriches. Auch Laodike kam als Jungfrau mit anderen Troerinnen dorthin wie zu einem Fest. Hier bereitete Perseus ein festliches Mahl und wies der Laodike den Platz neben Akamas an, indem er sie als Nebenfrau des Königs vorstellte. So gelang Laodike die Befriedigung ihres Verlangens; in der Folgezeit wurde dem Akamas ein Sohn Munitos geboren, den, nachdem er von Aithra aufgezogen worden war, Akamas nach der Einnahme von Troja in seine Heimat mitnahm; ihn tötete, als er später in Olynthos in Thrakien jagte, eine Schlange.

17. Die Mutter des Periandros

Man erzählt, daß auch Periandros aus Korinth anfangs wohlwollend und gutmütig war und erst später aus folgendem Grunde mordgierig wurde: Als er

αὐτοῦ κομιδῇ νέου πολλῷ πόθῳ κατείχετο· καὶ τέως ἀνεπίμπλατο τῆς ἐπιθυμίας περιπλεκομένη τῷ παιδί. Προϊόντος δὲ τοῦ χρόνου τὸ πάθος ἐπὶ μεῖζον ηὔξετο καὶ κατέχειν τὴν νόσον οὐκ ἔτι οἵα τε ἦν, ἕως ἀποτολμήσασα προσφέρει λόγους τῷ παιδί, ὡς αὐτοῦ γυνή τις ἐρῴη τῶν πάνυ καλῶν, παρεκάλει τε αὐτὸν μὴ περιορᾶν αὐτὴν περαιοτέρω καταξαινομένην. Ὁ δὲ τὸ μὲν πρῶτον οὐκ ἔφη φθερεῖν ἐζευγμένην γυναῖκα ὑπό τε νόμων καὶ ἐθῶν, λιπαρῶς δὲ προσκειμένης τῆς μητρὸς συγκατατίθεται. Καὶ ἐπειδὴ νὺξ ἐπῆλθεν, εἰς ἣν ἐπετέτακτο τῷ παιδί, προεδήλωσεν αὐτῷ μήτε λύχνα φαίνειν ἐν τῷ θαλάμῳ μήτε ἀνάγκην αὐτῇ ἐπάγειν πρὸς τὸ διαλεχθῆναί τι· ἐπιπροσδεῖσθαι γὰρ αὐτὴν ὑπ᾽ αἰδοῦς. Καθομολογησαμένου δὲ τοῦ Περιάνδρου πάντα ποιήσειν κατὰ τὴν ὑφήγησιν τῆς μητρός, ὡς ὅτι κράτιστα αὐτὴν ἀσκήσασα εἰσέρχεται παρὰ τὸν παῖδα καὶ πρὶν ἢ περιφαίνειν ἕω λαθραίως ἔξεισιν. Τῇ δ᾽ ὑστεραίᾳ ἀναπυνθανομένης αὐτῆς, εἰ κατὰ νοῦν αὐτῷ γένοιτο καὶ εἰ αὖτις λέγει αὐτὴν παρ᾽ αὐτὸν ἀφικέσθαι, ὁ Περίανδρος σπουδάζειν τε ἔφη καὶ ἡσθῆναι οὐ μετρίως. Ὡς δὲ ἐκ τούτου οὐκ ἀνίει φοιτῶσα πρὸς τὸν παῖδα, καί τις ἔρως ἐπῄει τὸν Περίανδρον, ἤδη σπουδὴν ἐτίθετο γνωρίσαι τὴν ἄνθρωπον ἥτις ἦν. Καὶ ἕως μέν τινος ἐδεῖτο τῆς μητρὸς

noch sehr jung war, befiel seine Mutter ein großes
Verlangen nach ihm; eine Zeitlang gab sich ihre
Leidenschaft mit Umarmungen des Jünglings zufrieden. Allmählich steigerte sich ihre Sehnsucht jedoch
immer mehr und sie war nicht imstande, sie zu
zügeln, so daß sie sich schließlich erdreistete, ihrem
Sohn zu erzählen, daß ihn eine sehr schöne Frau
liebe, und ihm zuredete, diese nicht länger in Liebe
vergehen zu lassen. Anfangs lehnte er es ab, eine
nach Gesetz und Sitten verheiratete Frau zu schän-
den; als aber die Mutter nicht locker ließ, gab er
nach. Und als die Nacht herangekommen war, die
sie mit ihrem Sohne verabredet hatte, trug sie ihm
auf, in dem Gemach kein Licht anzuzünden und die
Frau nicht zum Sprechen zu veranlassen; auch darum
bitte sie aus Scham. Periandros versprach in allem
nach der Weisung seiner Mutter zu handeln; worauf
sie sich, herrlich geschmückt, zu ihrem Sohn begab
und, ehe es tagte, wieder verstohlen davonschlich.
Tagsdarauf erkundigte sie sich, ob er zufrieden gewesen sei und wünsche, daß die Frau ihn wieder
besuche; Periandros antwortete, daß er sogar drin-
gend darum bitte, weil er sich köstlich unterhalten
habe. Da sie seit damals ihren Sohn immer wieder
besuchte und den Periandros eine Art Liebe beschlich,
wünschte er zu erfahren, wer die Frau sei. Eine
Zeitlang drang er in seine Mutter, jene dazu zu bringen, mit ihm zu sprechen und sich, nachdem sie ihm
so viel Liebe gewährt hätte, endlich erkennen zu
geben. Es sei doch vollkommen unverständlich, daß

ἐξικετεῦσαι ἐκείνην, ὅπως τε εἰς λόγους αὐτῷ ἀφίκοιτο καί, ἐπειδὴ εἰς πολὺν πόθον ἐπάγοιτο αὐτόν, δήλη ποτὲ γένοιτο· νυνὶ δὲ παντάπασι πρᾶγμα ἄγνωμον πάσχειν διὰ τὸ μὴ ἐφίεσθαι αὐτῷ καθορᾶν τὴν ἐκ πολλοῦ χρόνου συνοῦσαν αὐτῷ. Ἐπεὶ δὲ ἡ μήτηρ ἀπεῖργεν αἰτιωμένη τὴν αἰσχύνην τῆς γυναικός, κελεύει τινὰ τῶν ἀμφ' αὐτὸν οἰκετῶν λύχνα κατακρύψαι· τῆς δὲ κατὰ τὸ σύνηθες ἀφικομένης καὶ μελλούσης κατακλίνεσθαι ἀναδραμὼν ὁ Περίανδρος ἀναίρει τὸ φῶς καὶ κατιδὼν τὴν μητέρα ὥρμησεν ἐπὶ τὸ διεργάσασθαι αὐτήν· κατασχεθεὶς δὲ ὑπό τινος δαιμονίου φαντάσματος ἀπετράπετο κἀκ τούτου παραπλὶξ ἦν νοῦ τε καὶ φρενῶν κατέσκηψέ τε εἰς ὠμότητα καὶ πολλοὺς ἀπέσφαξε τῶν πολιτῶν· ἡ δὲ μήτηρ πολλὰ κατολοφυραμένη τὸν ἑαυτῆς δαίμονα ἀνεῖλεν ἑαυτήν.

18. Περὶ Νεαίρας

[Ἱστορεῖ Θεόφραστος ἐν α' τῶν πρὸς τοὺς καιρούς]

Ὑψικρέων δὲ Μιλήσιος καὶ Προμέδων Νάξιος μάλιστα φίλω ἤστην. Ἀφικομένου οὖν ποτε Προμέδοντος εἰς Μίλητον θατέρου λέγεται τὴν γυναῖκα Νέαιραν ἐρασθῆναι αὐτοῦ· καὶ παρόντος μὲν τοῦ Ὑψικρέοντος μὴ τολμᾶν αὐτὴν διαλέγεσθαι τῷ ξένῳ, μετὰ δὲ χρόνον, ὡς ὁ μὲν

es ihm verwehrt sein sollte, eine Frau, mit der er die längste Zeit in Liebe vereint sei, anzusehen. Da die Mutter dies aber ablehnte, indem sie die Schamhaftigkeit der Frau vorschützte, befahl er einem seiner Diener, eine Fackel zu verstecken; und als sie wie gewöhnlich kam und sich niederlegen wollte, sprang Periandros auf und brachte das Licht zum Vorschein, und als er nun seine Mutter erblickte, wollte er sie töten. Doch er wurde durch das Erscheinen eines Dämons davon abgehalten; seit damals war aber sein Geist und sein Gemüt umnachtet; er ergab sich der Grausamkeit und brachte viele seiner Mitbürger ums Leben; die Mutter legte jedoch, ihr Schicksal verdammend, Hand an sich selbst.

18. Neaira

[nach Theophrastos im ersten Buch der „Betrachtungen über die Zeitgemäßen"]

Hypsikreon aus Milet und Promedon aus Naxos waren gute Freunde. Als einst Promedon nach Milet kam, soll sich Neaira, die Frau des anderen, in ihn verliebt haben; in Gegenwart des Hypsikreon wagte sie nicht, mit dem Fremdling zu sprechen; da aber einige Zeit später Hypsikreon zufällig verreist

Ὑψικρέων ἐτύγχανεν ἀποδημῶν, ὁ δὲ αὖτις
ἀφίκετο, νύκτωρ αὐτοῦ κοιμωμένου ἐπεισέρχεται
ἡ Νέαιρα, καὶ πρώτη μὲν οἷα τε ἦν πείθειν αὐτόν·
ἐπειδὴ δὲ ἐκεῖνος οὐκ ἐνεδίδου Δία τε Ἑταιρήιον
καὶ Ξένιον αἰδούμενος, προσέταξεν ἡ Νέαιρα
ταῖς θεραπαίναις ἀποκλεῖσαι τὸν θάλαμον, καὶ
οὕτως πολλὰ ἐπαγωγὰ ποιούσης ἠναγκάσθη μιγῆναι αὐτῇ. Τῇ μέντοι ὑστεραίᾳ δεινὸν ἡγησάμε-
νος εἶναι τὸ πραχθὲν ᾤχετο πλέων ἐπὶ τῆς Νάξου·
ἔνθα ⟨δὴ⟩ καὶ ἡ Νέαιρα δείσασα τὸν Ὑψικρέοντα
διέπλευσεν εἰς τὴν Νάξον· καὶ ἐπειδὴ αὐτὴν
ἐξῄτει ὁ Ὑψικρέων, ἱκέτις προσκαθίζετο ἐπὶ τῆς
ἑστίας τῆς ἐν τῷ πρυτανείῳ. Οἱ δὲ Νάξιοι λιπα-
ροῦντι τῷ Ὑψικρέοντι ἐκδώσειν μὲν οὐκ ἔφασαν, ἐκέλευον μέντοι πείσαντα αὐτὴν ἄγεσθαι.
Δόξας δὲ ὁ Ὑψικρέων ἀσεβεῖσθαι πείθει Μιλη-
σίους πολεμεῖν τοῖς Ναξίοις.

19. Περὶ Παγκρατοῦς

[Ἱστορεῖ Ἀνδρίσκος ἐν Ναξιακῶν β']

Σκέλλις δὲ καὶ Ἀγασσαμενὸς οἰκήτορες Θρᾶ-
κης, ὁρμήσαντες ἀπὸ νήσου τῆς πρότερον μὲν
Στρογγύλης, ὕστερον δὲ Νάξου κληθείσης, ἐλῄ-
ζοντο μὲν τήν τε Πελοπόννησον καὶ τὰς πέριξ
νήσους, προσσχόντες δὲ Θεσσαλίᾳ πολλάς τε
ἄλλας γυναῖκας κατέσυραν, ἐν δὲ καὶ τὴν

war, und jener gerade wieder kam, trat Neaira in der Nacht, während er schlief, bei ihm ein, anfangs versuchte sie ihn mit schönen Worten zu gewinnen; als er sie aber aus Furcht vor Zeus, dem Schützer der Freundschaft und des Gastrechtes, nicht erhörte, befahl Neaira ihren Mägden, das Gemach abzuschließen, dann wendete sie so viele Verführungskünste an, daß er nicht gut anders konnte, als sich mit ihr einzulassen. Tagsdarnach reiste er aus Unwillen über den Vorfall sofort nach Naxos; aber auch Neaira bekam es mit der Angst vor Hypsikreon zu tun und schiffte sich nach Naxos ein; als Hypsikreon ihre Auslieferung verlangte, setzte sie sich als Schutzsuchende an den Herd im Prytaneion. Da Hypsikreon dennoch auf der Auslieferung beharrte, gaben die Naxier nicht nach, sondern empfahlen ihm, sie gütlich dazu zu bewegen, mit ihm zu gehen. Dies hielt Hypsikreon für eine persönliche Schmähung und bewog die Milesier, den Naxiern den Krieg zu erklären.

19. Pankrato

[nach Andriskos im zweiten Buch der „Naxischen Geschichten"]

Skellis und Agassamenos, Einwohner Thrakiens, unternahmen von der Insel, die früher Strongyla, später Naxos genannt wurde, einen Raubzug nach dem Peloponnes und den umliegenden Inseln. Bei einer Landung in Thessalien verschleppten sie viele Frauen, unter ihnen auch die Gemahlin des Aloeus,

'Αλωέως γυναῖκα 'Ιφιμέδην καὶ θυγατέρα αὐτῆς Παγκρατώ· ἧς ἀμφότεροι εἰς ἔρωτα ἀφικόμενοι ἀλλήλους κατέκτειναν.

20. Περὶ Αἰροῦς

Λέγεται δὲ καὶ Οἰνοπίωνος καὶ νύμφης Ἑλίκης Αἰρὼ κόρην· γενέσθαι. Ταύτης δὲ 'Ωρίωνα τὸν 'Υριέως ἐρασθέντα παρ' αὐτοῦ παραιτεῖσθαι τὴν κόρην, καὶ διὰ ταύτην τήν τε νῆσον ἐξημερῶσαι τότε θηρίων ἀνάπλεων οὖσαν λείαν τε πολλὴν περιελαύνοντα τῶν προσχώρων ἕδνα διδόναι. Τοῦ μέντοι Οἰνοπίωνος ἑκάστοτε ὑπερτιθεμένου τὸν γάμον διὰ τὸ ἀποστυγεῖν αὐτῷ γαμβρὸν τοῦτον γενέσθαι, ὑπὸ μέθης ἔκφρονα γενόμενον τὸν 'Ωρίωνα κατᾶξαι τὸν θάλαμον, [καὶ] ἔνθα ἡ παῖς ἐκοιμᾶτο, καὶ βιαζόμενον ἐκκαῖναι τοὺς ὀφθαλμοὺς ὑπὸ τοῦ Οἰνοπίωνος.

21. Περὶ Πεισιδίκης

Λέγεται δὲ καί, ὅτε 'Αχιλλεὺς πλέων τὰς προσεχεῖς τῇ ἠπείρῳ νήσους ἐπόρθει, προσσχεῖν αὐτὸν Λέσβῳ· ἔνθα δὴ καθ' ἑκάστην τῶν πόλεων αὐτὸν ἐπιόντα κεραΐζειν. Ὡς δὲ οἱ Μήθυμναν οἰκοῦντες μάλα καρτερῶς ἀντεῖχον, καὶ ἐν πολλῇ ἀμηχανίᾳ ἦν διὰ τὸ μὴ δύνασθαι ἑλεῖν τὴν πόλιν, Πεισιδίκην τινὰ Μηθυμναίαν, τοῦ βασιλέως θυγατέρα,

Iphimede, und ihre Tochter Pankrato. Zu dieser entbrannten beide in Liebe und töteten sich gegenseitig.

20. Aero

Es wird auch erzählt, daß Aero eine Tochter des Oinopion und der Nymphe Helike gewesen sei. Sie habe Orion, den Sohn des Hyrieos, geliebt, von ihrem Vater zur Frau erbeten und ihretwillen die Insel ⟨Chios⟩, die damals voll von wilden Tieren war, urbar gemacht und zahlreiche Beute aus der Umgebung weggetrieben, um sie als Brautgabe darzubringen. Oinopion habe die Hochzeit allerdings immer wieder hinausgeschoben, weil er ihn als Schwiegersohn ablehnte. Da habe Orion, infolge Trunkenheit von Sinnen, das Gemach, in dem das Mädchen schlief, erbrochen und die Jungfrau vergewaltigt, deshalb wurden ihm von Oinopion die Augen ausgebrannt.

21. Peisidike

Man erzählt auch, daß Achilleus auf seiner Fahrt, während er die dem Festlande nahen Inseln verheerte, in Lesbos gelandet sei; hier habe er jede Stadt angegriffen und geplündert. Als aber die Bewohner von Methymna heldenmütigen Widerstand leisteten und er in große Verlegenheit geraten war, weil er die Stadt nicht einnehmen konnte, habe sich Peisidike, ein Mädchen aus Methymna, die Tochter

θεασαμένην ἀπὸ τοῦ τείχους τὸν Ἀχιλλέα ἐρασθῆναι αὐτοῦ καὶ οὕτως τὴν τροφὸν διαπεμψα-
μένην ὑπισχνεῖσθαι ἐγχειρίσειν αὐτῷ τὴν πόλιν,
εἴ γε μέλλοι αὐτὴν γυναῖκα ἕξειν. Ὁ δὲ τὸ μὲν
παραυτίκα καθωμολογήσατο· ἐπεὶ μέντοι ἐγκρατὴς πόλεως ἐγένετο, νεμεσήσας ἐπὶ τῷ δρασθέντι
προὐτρέψατο τοὺς στρατιώτας καταλεῦσαι τὴν
κόρην. Μέμνηται τοῦ πάθους τοῦδε καὶ ὁ τὴν
Λέσβου κτίσιν ποιήσας ἐν τοῖσδε·

ἔνθα δὲ Πηλείδης κατὰ μὲν κτάνε Λάμπετον
ἥρω,
ἐκ δ' Ἱκετάονα πέφνεν, ἰθαιγενέος Λεπετύμ-
νου
υἱέα Μηθύμνης τε καὶ ἀλκηέστατον ἄλλων
αὐτοκασίγνητον Ἑλικάονος ἔνδοθι πάτρης
τηλίκον· Ὑψίπυλον· θαλερὴ δὲ μιν ἄασε Κύπρις.
ἡ γὰρ ἐπ' Αἰακίδῃ κούρη φρένας ἐπτοίησεν
Πεισιδίκη, ὅτε τόν γε μετὰ προμάχοισιν
Ἀχαιῶν
χάρμῃ ἀγαλλόμενον θηέσκετο, πολλὰ δ' ἐς
ὑγρὴν
ἠέρα χεῖρας ἔτεινεν ἐελδομένη φιλότητος.

Εἶτα μικρὸν ὑποβάς·

δέκτο μὲν αὐτίκα λαὸν Ἀχαιϊκὸν ἔνδοθι
πάτρης

des Königs, in Achilleus, als sie ihn von der Mauer aus erblickt hatte, verliebt, ihre Amme zu ihm geschickt und die Übergabe der Stadt versprochen, wenn er sie zur Gattin nehmen wollte. Er sagte ihr dies zwar vorderhand zu, als er sich aber der Stadt bemächtigt hatte, befahl er aus Empörung über die Handlungsweise des Mädchens seinen Soldaten, es zu steinigen. Dieses Schicksals gedenkt auch der Verfasser der „Gründung von Lesbos" mit folgenden Versen:

„Dort aber schlug der Peleide den strahlenden Lampetos nieder,
auch Hiketaon erlegt er, Methymnas sowie Lepetymnos'
leiblichen Sohn, der die andern an Kraft weitaus überstrahlte,
des Helikaon eigenen Bruder, des Landes der Ahnen Hort, Hypsipylos; Kypris, die blühende, stürzte sie alle.
Persidikes Gemüt betörend mit Liebe zu Peleus' Sohn. Als den Edlen sie sah in den ersten Reihen der Griechen,
strahlend im Schlachtengewühl, erhob sie zum flüssigen Äther
oftmals betend die Hände empor, sich Liebe erflehend."

Und einige Verse nachher:

„Und es empfing alsbald das achaische Heer in der Heimat

παρθενική κληῖδας ὑποχλίσσασα πυλάων,
ἔτλη δ' οἷσιν ἰδέσθαι ἐν ὀφθαλμοῖσι τοκῆας
χαλκῷ ἐληλαμένους καὶ δούλια δεσμὰ γυναικῶν
ἑλκομένων ἐπὶ νῆας ὑποσχεσίης Ἀχιλῆος,
ὄφρα νυὸς γλαυκῆς Θέτιδος πέλοι, ὄφρα οἱ
εἶεν
πενθεροὶ Αἰακίδαι, Φθίῃ δ' ἔνι δώματα ναίοι
ἀνδρὸς ἀριστῆος πινυτὴ δάμαρ· οὐδ' ὅ γ' ἔμελ-
λ.εν
τὰ ῥέξειν, ὀλοῷ δ' ἐπαγάσσατο πατρίδος οἴτῳ·
ἔνθ' ἥ γ' αἰνότατον γάμον εἴσιδε Πηλείδαο
Ἀργείων ὑπὸ χερσὶ δυσάμμορος, οἵ μιν
ἔπεφνον
πανσυδίῃ θαμινῇσιν ἀράσσοντες λιθάδεσσιν.

22. Περὶ Νανίδος

[Ἡ ἱστορία παρὰ Λικυμνίῳ τῷ Χίῳ μελοποιῷ καὶ Ἑρμη-
σιάνακτι]

Ἔφασαν δέ τινες καὶ τὴν Σαρδίων ἀκρόπολιν
ὑπὸ Κύρου τοῦ Περσῶν βασιλέως ἁλῶναι προ-
δούσης τῆς Κροίσου θυγατρὸς Νανίδος. Ἐπειδὴ

Peisidike, der Pforte Schlösser ganz heimlich er-
              schließend,
und sie ertrug es, mit eigenen Augen zu sehen der
              Eltern
Brust durchstoßen vom Erz und in Sklavenfesseln
              die Weiber
hin zu den Schiffen geschleppt, nur um nach Achil-
              leus' Versprechen,
um mit des Aiakos Stamme verschwägert, der glän-
              zenden Thetis
Schwiegertochter zu werden und als des trefflichsten
              Mannes
ehrbare Gattin zu wohnen in Phthias schönen Pa-
              lästen;
grollend durchkreuzt er den Plan ob des schnöden
              Verrates der Heimat;
so nun ward sie vereint in unsel'ger Eh' mit des
              Peleus
Sohn, durch die Hände argeischer Krieger, die Tö-
              richte; eifrig
warfen sie zahlreiche Steine, der Frau zum gräßlichen
              Tode."

22. Nanis

*[die Geschichte findet sich bei Likymnios, dem lyrischen Dichter
aus Chios und bei Hermesianax]*

Einige erzählten, daß auch die Burg von Sardes
durch Verrat der Tochter des Kroisos, Nanis, von
dem Perserkönig Kyros erobert worden sei. Denn
während Kyros Sardes belagerte und es ihm mit der

γὰρ ἐπολιόρκει Σάρδεις Κῦρος καὶ οὐδὲν αὐτῷ εἰς
ἄλωσιν τῆς πόλεως προὔβαινεν ἐν πολλῷ τε δέει
ἦν, μὴ ἀθροισθὲν τὸ συμμαχικὸν τῷ Κροίσῳ δια-
λύσειεν αὐτῷ τὴν στρατιάν, τότε τὴν παρθένον
ταύτην εἶχε λόγος περὶ προδοσίας συνθεμένην
τῷ Κύρῳ, εἰ κατὰ νόμους Περσῶν ἕξει γυναῖκα
αὐτὴν, κατὰ τὴν ἄκραν μηδενὸς φυλάσσον-
τος δι' ὀχυρότητα τοῦ χωρίου εἰσδέχεσθαι τοὺς
πολεμίους, συνεργῶν αὐτῇ καὶ ἄλλων τινῶν γε-
νομένων. Τὸν μέντοι Κῦρον μὴ ἐμπεδῶσαι αὐτῇ
τὴν ὑπόσχεσιν.

23. Περὶ Χειλωνίδος

Κλεώνυμος ⟨δὲ⟩ ὁ Λακεδαιμόνιος, βασιλείου
γένους ὢν καὶ πολλὰ κατορθωσάμενος Λακεδαιμονίοις, ἔγημε Χειλωνίδα προσήκουσαν αὐτῷ
κατὰ γένος. Ταύτῃ σφοδρῶς ἐπιτεταμένου τοῦ
Κλεωνύμου καὶ τὸν ἔρωτα οὐκ ἠρέμα φέροντος,
τοῦ μὲν κατηλόγει, πᾶσα δὲ ἐνέκειτο Ἀκροτάτῳ
τῷ τοῦ βασιλέως υἱεῖ. Καὶ γὰρ ὁ μειρακίσκος
αὐτῆς ἀναφανδὸν ὑπεκαίετο, ὥστε πάντας ἀνὰ
στόμα ἔχειν τὴν ὁμιλίαν αὐτῶν· δι' ἣν αἰτίαν
δυσανασχετήσας ὁ Κλεώνυμος καὶ ἄλλως δὲ οὐκ
ἀρεσκόμενος τοῖς Λακεδαιμονίοις ἔθεσιν ἐπεραιώθη πρὸς Πύρρον εἰς Ἤπειρον καὶ αὐτὸν

Eroberung der Stadt nicht recht vorwärts gehen wollte und er in großer Besorgnis war, daß ihm das von Kroisos zusammengezogene Bundesheer den Feldzug vereiteln könnte, hat, so geht die Sage, jenes Mädchen den Verrat mit Kyros verabredet, unter der Voraussetzung, daß er es nach den persischen Gesetzen zu seiner Frau machen werde; es ließ die Feinde bei der Burg dort ein, wo sich wegen der starken Befestigung keine Wachen befanden, und manch einer leistete ihm dabei Hilfe. Kyros hat sich jedoch nicht an das von ihm gegebene Versprechen gebunden gefühlt.

23. Cheilonis

Der Lakedaimonier Kleonymos, der aus königlichem Geblüt stammte und viel für die Lakedaimonier geleistet hatte, vermählte sich mit Cheilonis, die mit seinem Geschlecht verwandt war. Kleonymos liebte sie leidenschaftlich und stürmisch, sie aber achtete ihn gering und hing sich völlig an Akrotatos, den Sohn des Königs. Auch der Jüngling zeigte seine Liebe, doch so offensichtlich, daß ihr Verhältnis in aller Munde war; darüber empört, ging Kleonymos, der auch sonst an den lakedaimonischen Sitten und Gebräuchen keinen Gefallen fand, zu Pyrrhos nach Epeiros und redete ihm zu, sich für den Peloponnes zu interessieren, um die dortigen Städte nach gründlicher Vorbereitung des Krieges mühelos

ἀναπείθει πειρᾶσθαι τῆς Πελοποννήσου ὡς, εἰ
καὶ ἐντόνως ἅψαιντο τοῦ πολέμου, ῥᾳδίως ἐκπο-
λιορκήσοντες τὰς ἐν αὐτῇ πόλεις· ἔφη δὲ καὶ αὐτῷ
τι ἤδη προδιειργάσθαι, ὥστε καὶ στάσιν ἐγγενέ-
σθαι τισὶ τῶν πολεμίων. * * * * * * *

* * * * * * * *

24. Περὶ Ἱππαρίνου

Ἱππαρῖνος δὲ Συρακοσίων τύραννος εἰς ἐπιθυμίαν ἀφίκετο πάνυ καλοῦ παιδός· (Ἀχαιὸς αὐτῷ
ὄνομα). Τοῦτον ἐξαλλάγμασι πολλοῖς ὑπαγό-
μενος πείθει τὴν οἰκίαν ἀπολιπόντα σὺν αὐτῷ
μένειν· χρόνου δὲ προϊόντος ὡς πολεμίων τις
ἔφοδος προσηγγέλθη πρός τι τῶν ὑπ᾽ ἐκείνου
κατεχομένων χωρίων καὶ ἔδει κατὰ τάχος βοη-
θεῖν, ἐξορμῶν ὁ Ἱππαρῖνος παρεκελεύσατο τῷ
παιδί, εἴ τις ἐντὸς τῆς αὐλῆς βιάζοιτο, κατακαίνειν
αὐτὸν τῇ σπάθῃ, ἣν ἐτύγχανεν αὐτῷ κεχαρισ-
μένος. Καὶ ἐπειδὴ συμβαλὼν τοῖς πολεμίοις
κατὰ κράτος αὐτοὺς εἷλεν, ἐπὶ πολὺν οἶνον
ἐτράπετο καὶ συνουσίαν· ἐκκαιόμενος δὲ ὑπὸ
μέθης καὶ πόθου τοῦ παιδὸς ἀφίππευσεν εἰς τὰς
Συρακούσας καὶ παραγενόμενος ἐπὶ τὴν οἰκίαν,
ἔνθα τῷ παιδὶ παρεκελεύσατο μένειν, ὅς μὲν
ἦν οὐκ ἐδήλου, θετταλίζων δὲ τῇ φωνῇ τὸν

72

in Besitz zu nehmen; er fügte noch hinzu, daß man ihm bereits etwas vorgearbeitet habe, so daß in einigen Städten schon Aufruhr herrsche ... (Der Schluß ist nicht erhalten.)

24. Hipparinos

Hipparinos, der Tyrann von Syrakus, war in Liebe zu einem schönen Knaben (namens Achaios) entbrannt. Er bewog ihn durch viele köstliche Dinge, sein Haus zu verlassen und bei ihm zu bleiben; als er später die Nachricht erhielt, daß die Feinde einen der von ihm besetzten Plätze angriffen, und er rasch zu Hilfe eilen mußte, befahl Hipparinos vor seinem Abmarsch dem Knaben, falls jemand gewaltsam in den Hof eindringen sollte, ihn mit dem Schwerte, das er ihm kürzlich geschenkt hatte, zu töten. Als Hipparinos mit den Feinden handgemein geworden war, schlug er sie entscheidend, hierauf machte er sich wieder ans Essen und Trinken; erhitzt vom Wein und vom Verlangen nach dem Knaben ritt er nach Syrakus und gelangte zu dem Hause, wo er dem Knaben zu warten aufgetragen hatte, er gab sich nicht zu erkennen, sondern berichtete mit thessalischem Akzent, er habe den Hipparinos getötet; wütend traf der Knabe nun in der Dunkelheit den Hipparinos töd-

Ἱππαρῖνον ἔφησεν ἀπεκτονηκέναι· ὁ δὲ παῖς δια-
γανακτήσας σκότους ὄντος παίει καιρίαν τὸν
Ἱππαρῖνον· ὁ δὲ τρεῖς ἡμέρας ἐπιβιοὺς καὶ τοῦ
φόνου τὸν Ἀχαιὸν ἀπολύσας ἐτελεύτησεν.

25. Περὶ Φαΰλλου

[Ἱστορεῖ Φύλαρχος]

Φάϋλλος δὲ τύραννος ἠράσθη τῆς Ἀρίστωνος
γυναικός, ὃς Οἰταίων προστάτης ἦν. Οὗτος δια-
πεμπόμενος πρὸς αὐτὴν χρυσόν τε πολὺν καὶ
ἄργυρον ἐπηγγέλλετο δώσειν, εἴ τε τινος ἄλλου
δέοιτο, φράζειν ἐκέλευεν ὡς οὐχ ἁμαρτησομένην.
Τὴν δ᾽ ἄρα πολὺς εἶχε πόθος ὅρμου τοῦ τότε κει-
μένου ἐν τῷ τῆς Προνοίας Ἀθηνᾶς ἱερῷ, ὃν εἶχε
λόγος Ἐριφύλης γεγονέναι, ἠξίου τε ταύτης τῆς
δωρεᾶς τυχεῖν. Φάϋλλος δὲ τά τε ἄλλα κατα-
σύρων ἐκ Δελφῶν ἀναθήματα ἀναιρεῖται καὶ τὸν
ὅρμον· ἐπεὶ δὲ διεκομίσθη εἰς οἶκον τὸν Ἀρίστωνος, χρόνον μέν τινα ἐφόρει αὐτὸν ἡ γυνὴ μάλα
περίπυστος οὖσα, μετὰ δὲ ταῦτα παραπλήσιον
αὐτῇ πάθος συνέβη τῶν περὶ τὴν Ἐριφύλην γενο-
μένων. Ὁ γὰρ νεώτερος τῶν υἱῶν αὐτῆς μανεὶς
τὴν οἰκίαν ὑφῆψε καὶ τήν τε μητέρα καὶ τὰ πολλὰ
τῶν κτημάτων κατέφλεξεν.

lich; dieser lebte noch drei Tage und starb erst, nachdem er den Achaios vom Totschlag freigesprochen hatte.

25. Phayllos

[nach Phylarchos]

Der Tyrann Phayllos liebte die Frau des Oitaierfürsten Ariston. Er schickte deshalb zu ihr und bot ihr viel Gold und Silber als Geschenk an, er ließ ihr auch bestellen, daß sie alles, was sie gegebenenfalls noch brauche, haben solle. Sie hatte großes Verlangen nach einer Halskette, die damals im Tempel der Athene Pronoia aufbewahrt lag und von der es hieß, daß sie der Eriphyle gehöre; diese Kette wünschte sie als Geschenk zu erhalten. Phayllos schleppte nun bei seinem Raub unter anderen Weihegeschenken auch diese Halskette aus Delphoi fort; als sie in das Haus des Ariston gebracht worden war, trug sie seine Frau, die einen sehr schlechten Ruf hatte, eine Zeitlang; hierauf widerfuhr ihr aber ein ähnliches Unglück, wie der Eriphyle widerfahren war. Der jüngere von ihren Söhnen zündete nämlich im Wahnsinn das Haus an und verbrannte seine Mutter und die meisten ihrer Schätze.

26. Περὶ Ἀπριάτης

[Ἱστορεῖ Εὐφορίων Θρᾳκί]

Ἐν δὲ Λέσβῳ παιδὸς Ἀπριάτης Τράμβηλος ὁ Τελαμῶνος ἐρασθεὶς πολλὰ ἐποιεῖτο εἰς τὸ προσαγαγέσθαι τὴν κόρην. Ὡς δὲ ἐκείνη οὐ πάνυ ἐνεδίδου, ἐνενοεῖτο δόλῳ καὶ ἀπάτῃ περιγενέσθαι αὐτῆς. Πορευομένην οὖν ποτε σὺν θεραπαινιδίοις ἐπί τι τῶν πατρῴων χωρίων, ὃ πλησίον τῆς θαλάσσης ἔκειτο, λοχήσας εἷλεν. Ὡς δὲ ἐκείνη πολὺ μᾶλλον ἀπεμάχετο περὶ τῆς παρθενίας, ὀργισθεὶς Τράμβηλος ἔρριψεν αὐτὴν εἰς τὴν θάλασσαν· ἐτύγχανε δὲ ἀγχιβαθὴς οὖσα. Καὶ ἡ μὲν ἄρα οὕτως ἀπωλώλει· τινὲς μέντοι ἔφασαν διωκομένην ἑαυτὴν ῥῖψαι. Τράμβηλον δ' οὐ πολὺ μετέπειτα τίσις ἐλάμβανεν ἐκ θεῶν· ἐπειδὴ γὰρ Ἀχιλλεὺς ἐκ τῆς Λέσβου πολλὴν λείαν ἀποτεμόμενος ἤγαγεν, οὗτος ἐπαγομένων αὐτὸν τῶν ἐγχωρίων βοηθὸν συνίσταται αὐτῷ, ἔνθα δὴ πληγεὶς εἰς τὰ στέρνα παραχρῆμα πίπτει, ἀγάμενος δὲ τῆς ἀλκῆς αὐτὸν Ἀχιλλεὺς ἔτι ἔμπνουν ἀνέκρινεν, ὅστις τε ἦν καὶ ὁπόθεν· ἐπεὶ δὲ ἔγνω παῖδα Τελαμῶνος ὄντα, πολλὰ κατοδυρόμενος ἐπὶ τῆς ἠιόνος μέγα χῶμα ἔχωσε· τοῦτο ἔτι νῦν ἡρῷον Τραμβήλου καλεῖται.

26. Apriate

[nach Euphorion im „Thraker"]

In Lesbos liebte Trambylos, Telamons Sohn, die
junge Apriate und unternahm alles Mögliche, um das
Mädchen an sich zu fesseln. Da es sich aber nicht sehr
geneigt zeigte, trachtete er, seiner durch List und
Betrug habhaft zu werden. Als Apriate eines Tages
mit ihren Mägden nach einem der väterlichen Land-
güter nahe am Meere wanderte, legte sich Trambylos
auf die Lauer, überfiel sie und warf sie, da sie sich
ihrer Unschuld gewaltig wehrte, wütend ins Meer,
das zufällig beim Ufer tief war. Auf diese Weise
kam sie ums Leben; einige erzählten allerdings, sie
hätte sich, als sie verfolgt wurde, selbst hinein-
gestürzt. Doch den Trambylos erfaßte schon kurze
Zeit darnach die Rache der Götter; denn als Achilleus große Beute in Besitz nahm und aus Lesbos wegtrieb, wurde Trambylos von den Bewohnern zu Hilfe
gerufen und geriet mit ihm in Kampf, dabei wurde
er in die Brust getroffen und brach auf der Stelle zu-
sammen; doch Achilleus, über dessen Kraft verwun-
dert, fragte ihn, der noch atmete, wer er sei und wo-
her er stamme; und als er erfuhr, er sei Telamons
Sohn, beklagte er ihn laut und errichtete ihm am
Ufer einen großen Grabhügel; dieser wird auch heute
noch das „Grabmal des Helden Trambylos" genannt.

27. Περὶ Ἀλκινόης

[Ἱστορεῖ Μοιρὼ ἐν ταῖς Ἀραῖς]

Ἔχει δὲ λόγος καὶ Ἀλκινόην τὴν Πολύβου μὲν τοῦ Κορινθίου θυγατέρα, γυναῖκα δὲ Ἀμφιλόχου τοῦ Δρύαντος, κατὰ μῆνιν Ἀθηνᾶς ἐπιμανῆναι ξένῳ Σαμίῳ· (Ξάνθος αὐτῷ ὄνομα)· ἐπὶ μισθῷ γὰρ αὐτὴν ἀγαγομένην χερνῆτιν γυναῖκα Νικάνδρην [καὶ] ἐργασαμένην ἐνιαυτὸν ὕστερον ἐκ τῶν οἰκίων ἐλάσαι μὴ ἐντελῆ τὸν μισθὸν ἀποδοῦσαν· τὴν δὲ ἀράσασθαι πολλὰ Ἀθηνᾷ τίσασθαι αὐτὴν ἀντ' ἀδίκου στερήσεως· ὅθεν εἰς τοσοῦτόν [τε] ἐλθεῖν, ὥστε ἀπολιπεῖν οἶκόν τε καὶ παῖδας ἤδη γεγονότας συνεκπλεῦσαί τε τῷ Ξάνθῳ· γενομένην δὲ κατὰ μέσον πόρον ἔννοιαν λαβεῖν τῶν εἰργασμένων καὶ αὐτίκα πολλά τε δάκρυα προΐεσθαι καὶ ἀνακαλεῖν ὁτὲ μὲν ἄνδρα κουρίδιον, ὁτὲ δὲ τοὺς παῖδας· τέλος δὲ πολλὰ τοῦ Ξάνθου παρηγοροῦντος καὶ φαμένου γυναῖκα ἕξειν μὴ πειθομένην ῥῖψαι ἑαυτὴν εἰς θάλασσαν.

28. Περὶ Κλείτης

[Ἱστορεῖ Εὐφορίων Ἀπολλοδώρῳ, τὰ ἑξῆς Ἀπολλώνιος Ἀργοναυτικῶν α']

Διαφόρως δὲ ἱστορεῖται περὶ Κυζίκου τοῦ Αἰνέως· οἱ μὲν γὰρ αὐτὸν ἔφασαν ἁρμοσάμενον Λάρισαν τὴν Πιάσου, ᾗ ὁ πατὴρ ἐμίγη πρὸ γάμου,

27. Alkinoe

[nach Moiro in den „Flüchen"]

Man erzählt, daß sich auch Alkinoe, die Tochter des
Polybos aus Korinthos und Gattin des Amphilochos,
Dryas' Sohn, infolge des Grolles der Athene in einen
samischen Fremdling (Xanthos mit Namen) wahnsinnig
verliebt habe; sie hatte nämlich für Lohn eine Arbei-
terin Nikandra gedungen, sie jedoch später, nachdem
sie ein ganzes Jahr gearbeitet hatte, aus dem Haus
gejagt, ohne ihr den vollen Lohn zu bezahlen, diese
aber bat inständig Athene, sie für die ungerechte Ver-
kürzung zu rächen; daher sei es so weit gekommen,
daß sie ihr Heim und ihre leiblichen Kinder verließ
und mit Xanthos davonsegelte; doch schon auf der
Fahrt sei ihr bewußt geworden, was sie angestellt
habe, sofort sei sie in ein heftiges Weinen ausgebrochen und hätte einmal nach ihrem rechtmäßigen Gatten, dann wieder nach ihren Kindern gerufen; schließlich habe sie sich, da Xanthos sie trotz vieler Be-
schwichtigungen und trotz des Versprechens, sie als
Frau zu behandeln, nicht umzustimmen vermochte,
ins Meer gestürzt.

28. Kleite

[nach Euphorion im „Apollodoros", die zweite Version nach
Apollonios im ersten Buch der „Argonauten"]

Von der Sage über Kyzikos, den Sohn des Aineus,
liegen verschiedene Versionen vor; denn einige erzählten, er sei nach seiner Vermählung mit Larisa,

μαχόμενον ἀποθανεῖν, τινὲς δὲ προσφάτως γή-
μαντα Κλείτην συμβαλεῖν δι' ἄγνοιαν τοῖς μετὰ
Ἰάσονος ἐπὶ τῆς Ἀργοῦς πλέουσι καὶ οὕτως πεσόντα πᾶσι μεγάλως ἀλγεινὸν πόθον ἐμβαλεῖν,
ἐξόχως δὲ τῇ Κλείτῃ· ἰδοῦσα γὰρ αὐτὸν ἐρριμ-
μένον περιεχύθη καὶ πολλὰ κατωδύρατο, νύκτωρ
δὲ λαθοῦσα τὰς θεραπαινίδας ἀπό τινος δένδρου
ἀνήρτησεν ⟨ἑαυτήν⟩.

29. Περὶ Δάφνιδος

[Ἱστορεῖ Τίμαιος Σικελικοῖς]

Ἐν Σικελίᾳ δὲ Δάφνις Ἑρμοῦ παῖς ἐγένετο,
σύριγγί τε δὴ δεξιὸς χρήσασθαι καὶ τὴν ἰδέαν
ἐκπρεπής. Οὗτος εἰς μὲν τὸν πολὺν ὅμιλον ἀν-
δρῶν οὐ κατήει, βουκολῶν δὲ κατὰ τὴν Αἴτνην
χείματός τε καὶ θέρους ηὐγραύλει. Τούτου λέγου-
σιν Ἐχεναΐδα νύμφην ἐρασθεῖσαν παρακελεύ-
σασθαι αὐτῷ γυναικὶ μὴ πλησιάζειν· μὴ πειθο-
μένου γὰρ αὐτοῦ συμβήσεσθαι τὰς ὄψεις ἀπο-
βαλεῖν. Ὁ δὲ χρόνον μέν τινα καρτερῶς ἀντ-
εῖχεν, καίπερ οὐκ ὀλίγων ἐπιμαινομένων αὐτῷ,
ὕστερον δὲ μία τῶν κατὰ τὴν Σικελίαν βασιλίδων
οἴνῳ πολλῷ δηλησαμένη αὐτὸν ἤγαγεν εἰς ἐπιθυμίαν αὐτῇ μιγῆναι. Καὶ οὗτος ἐκ τοῦδε ὁμοίως
Θαμύρᾳ τῷ Θρᾳκὶ δι' ἀφροσύνην ἐπεπήρωτο.

der Tochter des Piasos, der sich ihr Vater vor der Hochzeit vereint hatte, im Kampf gefallen, andere wieder berichteten, er sei unmittelbar nach der Hochzeit mit Kleite durch einen Irrtum mit den Gefährten des Iason auf der Argo zusammengestoßen und habe durch seinen Tod allen großen, schmerzlichen Kummer bereitet, weitaus den größten aber der Kleite; denn als sie den Toten erblickt hatte, umschlang sie ihn unter lautem Wehklagen, des Nachts erhängte sie sich unbemerkt von ihren Mägden an einem Baume.

29. Daphnis

[nach Timaios in den „Sizilischen Geschichten"]

Auf Sizilien lebte Daphnis, des Hermes Sohn, gewandt auf der Hirtenflöte und wohlgestaltet. Er verkehrte nicht viel in menschlicher Gesellschaft, sondern lebte Winter und Sommer auf dem Ätna bei seinen Rinderherden. Ihn liebte, wie man erzählt, die Nymphe Echenais und verbot ihm, sich einem anderen Weib zu nähern, denn im Falle des Ungehorsams werde ihn als Strafe treffen, daß er sein Augenlicht verliere. Eine Zeitlang blieb er standhaft, obwohl nicht wenige ganz toll nach ihm waren, später aber rief eine der sizilischen Königstöchter, als sie ihn mit vielem Wein berauscht hatte, das Verlangen, sie zu besitzen, in ihm wach. Und so war er seit damals, ähnlich wie der Thraker Thamyras, aus Unbesonnenheit geblendet.

30. Περὶ Κελτίνης

Λέγεται δὲ καὶ Ἡρακλέα, ὅτε ἀπ᾿ Ἐρυθείας τὰς Γηρυόνου βοῦς ἤγαγεν, ἀλώμενον διὰ τῆς Κελτῶν χώρας ἀφικέσθαι παρὰ Βρεταννόν· τῷ δὲ ἄρα ὑπάρχειν θυγατέρα Κελτίνην ὄνομα. Ταύτην δὲ ἐρασθεῖσαν τοῦ Ἡρακλέους κατακρύψαι τὰς βοῦς μὴ θέλειν τε ἀποδοῦναι, εἰ μὴ πρότερον αὐτῇ μιχθῆναι. Τὸν δὲ Ἡρακλέα τὸ μέν τι καὶ τὰς βοῦς ἐπειγόμενον ἀνασώσασθαι, πολὺ μᾶλλον μέντοι τὸ κάλλος ἐκπλαγέντα τῆς κόρης συγγενέσθαι αὐτῇ, καὶ αὐτοῖς χρόνου προήκοντος γενέσθαι παῖδα Κελτόν, ἀφ᾿ οὗ δὴ Κελτοὶ προσηγορεύθησαν.

31. Περὶ Διμοίτου

[Ἱστορεῖ Φύλαρχος]

Λέγεται δὲ καὶ Διμοίτην ἁρμόσασθαι μὲν Τροιζῆνος τἀδελφοῦ θυγατέρα Εὐῶπιν· αἰσθανόμενος δὲ συνοῦσαν αὐτὴν διὰ σφοδρὸν ἔρωτα τἀδελφῷ, δηλῶσαι τῷ Τροιζῆνι· τὴν δὲ διὰ τὸ δέος καὶ αἰσχύνην ἀναρτῆσαι αὐτὴν πολλὰ πρότερον λυπηρὰ καταρασαμένην τῷ αἰτίῳ τῆς συμφορᾶς. Ἔνθα δὴ τὸν Διμοίτην μετ᾿ οὐ πολὺν χρόνον ἐπιτυχεῖν γυναικὶ μάλα καλῇ τὴν ὄψιν ὑπὸ τῶν κυμάτων ἐκβεβλημένῃ καὶ αὐτῆς εἰς

30. Keltine

Man erzählt auch, daß Herakles, als er aus Erytheia die Rinder des Geryones wegtrieb, auf seiner Wanderung durch das Keltenland zu Bretannos gekommen sei, der eine Tochter namens Keltine hatte. Diese habe sich in Herakles verliebt, die Rinder versteckt und sie nicht früher herausgeben wollen, ehe er ihr nicht in Liebe beigewohnt habe. Da habe sich Herakles, nicht nur um seine Rinder wieder zu bekommen, sondern in der Tat aus Bewunderung für die Schönheit des Mädchens, mit ihr vereint. Als die Zeit um war, sei ihnen ein Sohn Keltos geboren worden, von dem die Kelten ihren Namen erhalten haben.

31. Dimoites

[nach Phylarchos]

Man erzählt auch, daß Dimoites mit Euopis, der Tochter seines Bruders Troizen, verlobt gewesen sei. Als er aber merkte, daß sie in heißer Liebe ihrem Bruder angehöre, habe er dies dem Troizen mitgeteilt; sie selbst habe sich aus Furcht und Scham erhängt, nachdem sie vorher den Urheber ihres Unheils schwer verflucht hatte. Kurze Zeit später sei Dimoites auf eine Frau von überaus großer Schönheit gestoßen, die von den Wellen angespült worden war; von Wollust übermannt, habe er sich ihr gesellt; aber

ἐπιθυμίαν ἐλθόντα συνεῖναι· ὡς δὲ ἤδη ἐνεδίδου
τὸ σῶμα μῆκος χρόνου, χῶσαι αὐτῇ μέγαν τάφον
καὶ οὕτως μὴ ἀνιεμένου τοῦ πάθους ἐπικατασφά-
ξαι αὐτόν.

32. Περὶ Ἀνθίππης

Παρὰ δὲ Χάοσι μειρακίσκος τις τῶν πάνυ δοκίμων Ἀνθίππης ἠράσθη. Ταύτην ὑπελθὼν πάσῃ
μηχανῇ πείθει αὐτῷ συμμιγῆναι· ἡ δὲ ἄρα καὶ
αὐτὴ οὐκ ἐκτὸς ἦν τοῦ πρὸς τὸν παῖδα πόθου·
καὶ ἐκ τοῦδε λανθάνοντες τοὺς αὐτῶν γονεῖς
ἐξεπίμπλασαν τὴν ἐπιθυμίαν. Ἑορτῆς δέ ποτε
τοῖς Χάοσι δημοτελοῦς ἀγομένης καὶ πάντων
εὐωχουμένων ἀποσκεδασθέντες εἴς τινα δρυμὸν
κατειλήθησαν. Ἔτυχε δὲ ἄρα ὁ τοῦ βασιλέως
υἱὸς Κίχυρος πάρδαλιν διώκων· ἧς συνελαθείσης
εἰς ἐκεῖνον τὸν δρυμὸν ἀφίησιν ἐπ' αὐτὴν τὸν
ἄκοντα καὶ τῆς μὲν ἁμαρτάνει, τυγχάνει δὲ τῆς
παιδός· ὑπολαβὼν δὲ τὸ θηρίον καταβεβληκέναι
ἐγγυτέρω τὸν ἵππον προσελαύνει καὶ καταμαθὼν
τὸ μειράκιον ἐπὶ τοῦ τραύματος τῆς παιδὸς ἔχον
τὼ χεῖρε ἐκτός τε φρενῶν ἐγένετο καὶ περιδινη-
θεὶς ἀπολισθάνει τοῦ ἵππου εἰς χωρίον ἀπό-
κρημνον καὶ πετρῶδες. Ἔνθα δὴ ὁ μὲν ἐτεθνήκει,
οἱ δὲ Χάονες τιμῶντες τὸν βασιλέα κατὰ τὸν

84

schon nach geraumer Zeit verfiel ihr Körper; er soll ihr einen großen Grabhügel errichtet und sich darauf, da auch jetzt seine Leidenschaft nicht nachließ, selbst getötet haben.

32. Anthippe

Bei den Chaonen verliebte sich einer der vornehmsten Jünglinge in Anthippe. Er suchte sie mit allen Mitteln dazu zu bestimmen, sich mit ihm einzulassen, und sie verhielt sich der Liebe des Jünglings gegenüber nicht ablehnend; deshalb stillten sie, unbemerkt von ihren Eltern, ihre Lust. Als einst bei den Chaonen ein öffentliches Fest gefeiert wurde und alle beim Festschmaus waren, stahlen sie sich davon und trafen sich in einem Wald. Da geschah es, daß der Sohn des Königs, Kichyros, einen Panther verfolgte und auf ihn, als er ihn in jenen Wald abgedrängt hatte, einen Spieß abschoß; den Panther verfehlte er, hingegen traf er das Mädchen; in dem Glauben, das Tier getroffen zu haben, ritt er näher heran, wurde aber, als er sah, daß der Jüngling seine Hände auf die Wunde des Mädchens hielt, ohnmächtig und fiel kopfüber vom Pferde in eine steile und felsige Schlucht. Hier verschied er; die Chaonen aber führten aus Verehrung für ihren König rings um diese Stelle eine Mauer auf und nannten die Stadt Kichyros. Einige erzählten dagegen, dieser Wald sei der Wald der Epeiro, Echions Tochter, die bei ihrer Auswanderung aus Böotien mit

αὐτὸν τόπον τείχη περιεβάλοντο καὶ τὴν πόλιν
ἐκάλεσαν Κίχυρον. Φασὶ δέ τινες τὸν δρυμὸν
ἐκεῖνον εἶναι τῆς Ἐχίονος θυγατρὸς Ἠπείρου,
ἣν μεταναστᾶσαν ἐκ Βοιωτίας βαδίζειν μεθ᾽ Ἁρ-
μονίας καὶ Κάδμου, φερομένην τὰ Πενθέως
λείψανα, ἀποθανοῦσαν δὲ περὶ τὸν δρυμὸν τόνδε
ταφῆναι· διὸ καὶ τὴν γῆν Ἤπειρον ἀπὸ ταύτης
ὀνομασθῆναι.

33. Περὶ Ἀσσάονος

[Ἱστορεῖ Ξάνθος Λυδιακοῖς καὶ Νεάνθης β' καὶ Σιμίας
ὁ Ῥόδιος]

Διαφόρως δὲ [καὶ] τοῖς πολλοῖς ἱστορεῖται καὶ
τὰ Νιόβης· οὐ γὰρ Ταντάλου φασὶν γενέσθαι,
ἀλλ᾽ Ἀσσάονος μὲν θυγατέρα, Φιλόττου δὲ γυ-
ναῖκα· εἰς ἔριν δὲ ἀφικομένην Λητοῖ περὶ καλ-
λιτεκνίας ὑποσχεῖν τίσιν τοιάνδε· τὸν μὲν Φίλοτ-
τον ἐν κυνηγίᾳ διαφθαρῆναι. Τὸν δὲ Ἀσσάονα
τῆς θυγατρὸς πόθῳ σχόμενον αὐτὴν αὐτῷ γή-
μασθαι· μὴ ἐνδιδούσης δὲ τῆς Νιόβης τοὺς παῖδας
αὐτῆς εἰς εὐωχίαν καλέσαντα καταπρῆσαι· καὶ
τὴν μὲν διὰ ταύτην τὴν συμφορὰν ἀπὸ πέτρας
ὑψηλοτάτης αὐτὴν ῥῖψαι, ἔννοιαν δὲ λαβόντα
τῶν σφετέρων ἁμαρτημάτων διαχρήσασθαι τὸν
Ἀσσάονα ἑαυτόν.

Harmonia und Kadmos die sterblichen Überreste des Pentheus getragen und nach ihrem Tode ein Grab in der Nähe dieses Waldes erhalten hätte, daher sei auch das Land nach ihr Epeiros genannt worden.

33. Assaon

[nach Xanthos in den „Lydischen Geschichten", Neanthes im zweiten Buch und dem Rhodier Simias]

Auch die Geschichte der Niobe wird von der Mehrzahl voneinander abweichend erzählt; sie sagen nämlich, sie sei nicht des Tantalos, sondern Assaons Tochter und Philottos' Gattin gewesen; mit Leto über die Schönheit der Kinder in Streit geraten, sei sie auf folgende Weise gestraft worden: Philottos sei auf der Jagd verunglückt, Assaon habe sich in seine eigene Tochter verliebt und sie auch für sich als Weib begehrt; da ihn Niobe abwies, habe er ihre Söhne zu einem Mahle geladen und verbrannt; wegen dieses Unglückes habe sich Niobe von einem sehr hohen Felsen gestürzt, und aus Reue über seine Untaten habe sich Assaon das Leben genommen.

34. Περὶ Κορύθου

['Ιστορεῖ 'Ελλάνικος Τρωικῶν καὶ Κεφάλων ὁ Γεργίθιος]

Ἐκ δὲ Οἰνώνης καὶ Ἀλεξάνδρου παῖς ἐγένετο Κόρυθος. Οὗτος ἐπίκουρος ἀφικόμενος εἰς Ἴλιον Ἑλένης ἠράσθη, καὶ αὐτὸν ἐκείνη μάλα φιλοφρόνως ὑπεδέχετο· ἦν δὲ τὴν ἰδέαν κράτιστος. Φωράσας δὲ αὐτὸν ὁ πατὴρ ἀνεῖλεν. Νίκανδρος μέντοι τὸν Κόρυθον οὐκ Οἰνώνης, ἀλλὰ Ἑλένης καὶ Ἀλεξάνδρου φησὶν γενέσθαι λέγων ἐν τούτοις·

ἠρία τ᾿ εἰν Ἀίδαο κατοιχομένου Κορύθοιο,
ὅν τε καὶ ἁρπακτοῖσιν ὑποδμηθεῖσ᾿ ὑμεναίοις
Τυνδαρὶς αἴν᾿ ἀχέουσα κακὸν γόνον ἤρατο
βούτεω.

35. Περὶ Εὐλιμένης

['Ιστορεῖ 'Ασκληπιάδης ὁ Μυρλεανὸς Βιθυνιακῶν α']

Ἐν δὲ Κρήτῃ ἠράσθη Λύκαστος τῆς Κύδωνος θυγατρὸς Εὐλιμένης, ἣν ὁ πατὴρ Ἀπτέρῳ καθωμολογή(σα)το πρωτεύοντι τότε Κρητῶν, ταύτῃ κρύφα συνὼν ἐλελήθει. Ὡς δὲ τῶν Κρητικῶν τινες πόλεων ἐπισυνέστησαν Κύδωνι καὶ πολὺ περιῆσαν, πέμπει τοὺς πευσομένους εἰς θεοῦ, ὅ τι ἂν ποιῶν κρατήσειεν τῶν πολεμίων. Καὶ

34. Korythos

[nach Hellanikos in den „Troischen Geschichten" und bei Kephalon aus Gergithos]

Von Oinone und Alexandros wurde ein Sohn Korythos gezeugt. Als dieser als Bundesgenosse nach Ilion gekommen war, verliebte er sich in Helena, und sie nahm ihn äußerst wohlwollend auf; er strotzte ja von Kraft. Sein Vater aber ertappte und tötete ihn. Nikandros freilich berichtet, Korythos sei nicht Oinones, sondern Helenas und Alexandros' Sohn gewesen, dies sagt er mit folgenden Versen:

„Des zu des Hades Schatten gestiegenen Korythos
Grabmal,
den des Tyndares Tochter, geraubt und zur Ehe gezwungen,
als eines Hirten unseligen Sprößling, ach, habe empfangen."

35. Eulimene

[nach Asklepiades aus Myrleia im ersten Buch der „Bithynischen Geschichten"]

In Kreta liebte Lykastos die Tochter des Kydon, Eulimene, die ihr Vater dem Apteros, dem damaligen Kreterfürsten, zugesagt hatte. Lykastos unterhielt aber heimlich mit ihr ein Verhältnis. Als sich nun einige Städte der Kreter gegen Kydon erhoben und sich als weit überlegen bewiesen hatten, schickte er eine Gesandtschaft zum Heiligtum des Gottes mit der

αὐτῷ θεσπίζεται τοῖς ἐγχωρίοις ἥρωσι σφαγιάσαι παρθένον. Ἀκούσας δὲ τοῦ χρηστηρίου Κύδων διεκλήρου τὰς παρθένους πάσας, καὶ κατὰ δαίμονα ἡ θυγάτηρ λαγχάνει. Λύκαστος δὲ δείσας περὶ αὐτῆς μηνύει τὴν φθορὰν καὶ ὡς ἐκ πολλοῦ χρόνου συνείη αὐτῇ, ὁ δὲ πολὺς ὅμιλος πολὺ μᾶλλον ἐδικαίου αὐτὴν τεθνάναι. Ἐπειδὴ δὲ ἐσφαγιάσθη, ὁ Κύδων τὸν ἱερέα κελεύει αὐτῆς διατεμεῖν τὸ ἐπομφάλιον, καὶ οὕτως εὑρέθη ἔγκυος. Ἄπτερος δὲ δόξας ὑπὸ Λυκάστου δεινὰ πεπονθέναι, λοχήσας αὐτὸν ἀνεῖλε καὶ διὰ ταύτην τὴν αἰτίαν ἔφυγε πρὸς Ξάνθον εἰς Τέρμερα.

36. Περὶ Ἀργανθώνης

Λέγεται δὲ καὶ Ῥῆσον, πρὶν εἰς Τροίαν ἐπίκουρον ἐλθεῖν, ἐπὶ πολλὴν γῆν ἰέναι προσαγόμενόν τε καὶ δασμὸν ἐπιτιθέντα· ἔνθα δὴ καὶ εἰς Κίον ἀφικέσθαι κατὰ κλέος γυναικὸς καλῆς· (Ἀργανθώνη αὐτῇ ὄνομα). Αὕτη τὴν μὲν κατ' οἶκον δίαιταν καὶ μονὴν ἀπέστυγεν, ἀθροισαμένη δὲ κύνας πολλοὺς ἐθήρευεν οὐ μάλα τινὰ προσιεμένη. Ἐλθὼν οὖν ὁ Ῥῆσος εἰς τόνδε τὸν χῶρον βίᾳ μὲν αὐτὴν οὐκ ἦγεν, ἔφη δὲ θέλειν αὐτῇ συγκυνηγεῖν· καὶ αὐτὸς γὰρ ὁμοίως ἐκείνῃ

Frage, was er tun müsse, um seine Feinde zu besiegen. Er erhielt die Antwort, er solle den Heroen seiner Vaterstadt eine Jungfrau opfern. Kydon ließ, nachdem er diesen Orakelspruch vernommen hatte, unter allen Jungfrauen durch das Los entscheiden, und es traf nach Fügung des Schicksals seine Tochter. Da Lykastos ihren Tod sehr fürchtete, tat er öffentlich kund, daß er seit langer Zeit mit ihr Verkehr pflege. Nun verlangte die Menge aber um so mehr ihren Tod. Als sie als Opfer dargebracht worden war, befahl Kydon dem Priester, ihr den Leib aufzuschneiden und dabei stellte sich heraus, daß sie schwanger war. Hierauf tötete Apteros den Lykastos, da er sich von ihm schwer beleidigt fühlte, aus dem Hinterhalt und floh schuldbeladen zu Xanthos nach Termera.

36. Arganthone

Man erzählt auch, daß Rhesos, ehe er Troja zu Hilfe kam, viel Land durchzogen, sich unterworfen und tributpflichtig gemacht habe; dabei sei er, auf die Kunde von einer sehr schönen Frau (Arganthone mit Namen) nach Kios gekommen. Ihr war der Aufenthalt und das Verbleiben daheim zuwider, daher schaffte sie sich viele Hunde an und begab sich, ohne jemanden an sich herankommen zu lassen, auf die Jagd. In diese Gegend begab sich auch Rhesos, wandte aber gegen sie keinerlei Gewalt an, sondern erklärte, er wolle mit ihr gemeinsam jagen, da er so wie sie den Umgang mit Menschen hasse; seine Worte spra-

τὴν πρὸς ἀνθρώπους ὁμιλίαν ἐχθαίρειν· ἡ δὲ ταῦτα λέξαντος ἐκείνου κατήνεσε πειθομένη αὐτὸν ἀληθῆ λέγειν. Χρόνου δὲ πολλοῦ διαγενομένου εἰς πολὺν ἔρωτα παραγίνεται τοῦ Ῥήσου. Καὶ τὸ μὲν πρῶτον ἡσυχάζει αἰδοῖ κατεχομένη· ἐπειδὴ δὲ σφοδρότερον ἐγίνετο τὸ πάθος, ἀπετόλμησεν εἰς λόγους ἐλθεῖν αὐτῷ, καὶ οὕτως ἐθέλουσαν αὐτὴν ἐκεῖνος ἠγάγετο γυναῖκα. Ὕστερον δὲ πολέμου γενομένου τοῖς Τρωσὶ μετήεσαν αὐτὸν οἱ βασιλεῖς ἐπίκουρον· ἡ δὲ Ἀργανθώνη, εἴτε καὶ δι' ἔρωτα, ὃς πολὺς ὑπῆν αὐτῇ, εἴτε καὶ ἄλλως καταμαντευομένη τὸ μέλλον, βαδίζειν αὐτὸν οὐκ εἴα. Ῥῆσος δὲ μάλα κακιζόμενος ἐπὶ μονῇ οὐκ ἠνέσχετο, ἀλλὰ ἦλθεν εἰς Τροίαν καὶ μαχόμενος ἐπὶ ποταμῷ τῷ νῦν ἀπ' ἐκείνου Ῥήσῳ καλουμένῳ πληγεὶς ὑπὸ Διομήδους ἀποθνήσκει. Ἡ δὲ ὡς ᾔσθετο τεθνηκότος αὐτοῦ, αὖτις ἀπεχώρησεν εἰς τὸν τόπον, ἔνθα ἐμίγη πρῶτον αὐτῷ, καὶ περὶ αὐτὸν ἀλωμένη θαμὰ ἐβόα τοὔνομα τοῦ Ῥήσου· τέλος δὲ σῖτα καὶ ποτὰ μὴ προσιεμένη διὰ λύπην ἐξ ἀνθρώπων ἀπηλλάγη.

chen sie an, denn sie glaubte, daß er sie ehrlich meine. Nach einiger Zeit empfand sie eine große Liebe zu Rhesos, verhielt sich aber aus Scham anfänglich zurückhaltend; doch als ihre Leidenschaft ungestümer wurde, wagte sie mit ihm darüber zu sprechen, und da sie sich einig waren, nahm er sie zur Frau. Als später der Krieg gegen die Trojer ausbrach, baten ihn die Könige um Hilfe; Arganthone aber wollte ihn nicht ziehen lassen, sei es aus großer Liebe oder vielleicht, weil sie die Zukunft ahnte. Rhesos dagegen litt es nicht, in der Verweichlichung zu verweilen, sondern er zog nach Troja und fiel, von Diomedes verwundet, an dem Flusse, der jetzt noch nach ihm „Rhesos" genannt wird. Als Arganthone von seinem Tode erfuhr, ging sie wieder zu der Stelle, an der sie das erstemal zusammengekommen waren. Hier irrte sie umher und rief immer den Namen „Rhesos"; endlich aber entschwand sie, nachdem sie weder Speise noch Trank zu sich genommen hatte, vor Traurigkeit aus den Reihen der Menschen.

Anmerkungen

Zur Vorrede

„*Cornelius Gallus*" (*70—27 v. Chr.*): *Freund Oktavians und Gönner Vergils, Begründer der römischen Elegie und mit Ovid, Tibull und Properz, deren bedeutendster Vertreter, aber fast nichts von seinen Liebeselegien erhalten.* — „*Elegie*": *ein Wort vorgriechischen Ursprunges; elegisches Versmaß ist die Aufeinanderfolge von Hexameter und Pentameter. Bei den Römern waren die Elegien meist erotischen Inhaltes.*

Zu 1. Lyrkos

„*Lyrkoslegende*": *diese kleinasiatische Liebeserzählung ist eine Wanderanekdote. Radermacher (S. 237) weist auf das Erlebnis des Loth und auf Parallelen mit Aigeus (Theseus' Sohn) und bezüglich des Wiedererkennungsmotives von Vater und Sohn auch auf das germanische Hildebrandlied hin.* — „*Kaunos*" (*Kaunia*): *Stadt in Karien (sittlich verwerfliche Liebe, hieß sprichwörtlich* „καύνιος ἔρως"). — „*Didyma*": *Ort im Gebirge von Milet, mit Tempel und Orakel des Apollo.* — „*Bybastos*": *Stadt in Karien.*

Zu 2. Polymele

„*Aiolos*": *König der Winde, diese in einem Schlauch eingeschlossen; vgl. Homer, Od. X, 14 ff.* — „*Meligunis*": *früherer Name der Insel Lipara.* — „*Geschwisterehe*": *bei den Griechen leben auch Zeus und Hera in Geschwisterehe, in Ägypten und auch bei den Persern heimisch (zur Vermeidung von Erbteilungen). Koschaker sieht darin ein Symptom des Übergangs vom Mutter- zum Vaterrecht über das Bruderrecht.*

Zu 3. Euippe

„*Euippe*": *Mutter des Euryalos, dieser sonst von Telemachos getötet.* — „*Meerrochen*": *Telegonos, der Sohn des Odysseus und der Kirke kam vom Sturm verschlagen nach Ithaka und tötete seinen Vater unerkannt mit einem Pfeil, dessen Spitze aus dem Stachel eines Meerrochens bestand.*

Zu 4. Oinone

„Kebres": Stadt in Troas am Ida.

Zu 5. Leukippos

„Groll der Aphrodite": Leukippos war spröde, wegen seiner Widersetzlichkeit grollte ihm Aphrodite. — „Kretinaion": Marktflecken bei Ephesos. — „Pherai": Residenz des Admetos in Thessalien.

Zu 6. Pallene

In den Grenzländern der hellenischen Kultur lebten alle Liebessagen des Heimatlandes auf (vgl. der Ähnlichkeit wegen die makedonische Sage von Pelops und Hippodameia). — „Liebe zwischen Vater und Tochter": beliebtes Märchen- und Sagenmotiv, für uns sind diese Beziehungen verbrecherisch. — „Erlöschen eines brennenden Scheiterhaufens": später öfter in der christlichen Märtyrergeschichte. — „Erscheinen eines Schutzgeistes" (Daimonion): vgl. das spätere Schutzengelmotiv.

Zu 8. Herippe

„Galater": setzten sich nach vielen vorangegangenen Einfällen 280 v. Chr. in Vorderasien fest. — „Massalia": jetzt Marseille.

Zu 9. Polykrite

„Thargelien": Apollo- und Artemisfest, nach dem 11. attischen Monat (zwischen Mai und Juni) benannt.

Zu 11. Byblis

Diese Ortssage ist an die bei Milet fließende Quelle geknüpft. — „Quelle Byblis": bei Theokrit Wohnstätte der Liebesgötter. — „Oikusion": Stadt in Karien; auch die andern erwähnten Städte sind in Karien zu suchen. — „Leleger": Urbewohner von Karien. — „Echeneis": Quelle bei Kaunos in Karien. — „Sithonisch": thrakisch, gemeint ist Itys, der Sohn der Prokne.

Zu 12. Kalchos

„Kirke": Zauberin auf der Insel Aiaia; sie verzauberte die Gefährten des Odysseus in Schweine. — „Daunia": früherer Name von Apulien.

Zu 13. Harpalyke

Die erzählende Dichtung der Alexandriner machte aus der Ermordung der Harpalyke eine Verwandlung in den Raubvogel Chalkis, der einsam im Gebirge haust. (Nachthabicht?)

Zu 14. Antheus

„Prophezeiung Apollons" (34 Verse): früher ließ man die alte Liebesfabel von einem weissagenden Gott verkünden. — „Neleiden": aus dem Stamm des Neleus, des Kodros Sohn, der jonische Kolonisten nach Asien führte. — „Pereine": Quelle auf der Burg von Korinth. — Des Bakchis Geschlecht: die Bakchiaden, Herrscherfamilie in Korinth. — „Lelegeisch": hier milesisch. — „Bach- und Quellwasser": sprichwörtlich zum Wegspülen böser Worte.

Zu 15. Daphne

„Daphne": Lorbeerbaum; berühmte peloponnesische Sage.

Zu 16. Laodike

„Laodike": Tochter des Priamos. — „Diomedes": König von Argos. — „Akamas": Sohn des Theseus. — „Dardanos": Stadt in der Troas. — „Aithra": Amme.

Zu 17. Die Mutter des Periandros

„Periandernovelle" (vgl. Herodot III, 50/53 und Plutarch, Moralia 146 D). Das seltsame Motiv hat Ähnlichkeit mit dem Verkehr von Loths Töchtern mit ihrem Vater und mit der Oidipussage, sowie mit dem Don Carlosmotiv (Liebe zur Stiefmutter), das von Perdikkas II. von Makedonien erzählt wurde (Aly, Volksmärchen S. 92 ff.). Radermacher meint, daß Periander den Myson ersetzt.

Zu 18. Neaira

„Prytaneion": Amtshaus der Hestia (Vesta), Göttin des Herdfeuers, heilig. — Nach Erzählung 9 endete der Krieg zugunsten der Naxier.

Zu 21. Peisidike

„Methymna": Stadt im Norden von Lesbos, jetzt Molivo. — „Aiakos": König auf Aigina; Aiakide, Sohn des A. (Peleus) und Enkel des A. (Achilleus), mit Minos und Rhadamanthys einer der

Richter der Unterwelt. — „*Achaier*": *die ersten griechischen Stämme, die zirka 1400 v. Chr. nach Kreta, Kypros und anderen Orten gedrungen sind.*

Zu 22. Nanis

„*Kroisos*": *letzter König der Lyder (560—546 v. Chr.), sprichwörtlich durch seinen Reichtum.*

Zu 25. Phayllos

· „*Oite*": *Gebirge in Südthessalien, die Oitaier sind Bewohner dieses Gebirges.* — „*Eriphyle*": *Frau des Königs von Argos, Amphiaraos, die ihren Gatten wegen eines Halsbandes verriet und von ihrem Sohn getötet wurde. Das Kunstwerk des Hephaistos brachte auch noch über andere Unglück.* — „*Athene Pronoia*" *(Vorsehung): Beiname der Athene in Delphi.* — „*Delphoi*" *(Delphi): berühmte Kultstätte Apollons.*

Zu 26. Apriate

„*Achilleus*": *mit ihm als dem Idealbild eines griechischen Jünglings wurde die lesbische Liebeslegende in Zusammenhang gebracht.* — „*Telamon*": *König von Salamis, Vater des Aias (Teukros).*

Zu 28. Kleite

„*Argo*": „*Die Schnelle*", *großes Ruderschiff, daher die „Argonauten*", *das sind die auf der Argo fahren.* — „*Iason*": *Führer der Argonauten.*

Zu 29. Daphnis

„*Daphnis*": *ein schöner Hirt, berühmte Gestalt der volkstümlichen Liebespoesie aus der sizilischen Volkssage.* — „*Thamyras*" *(auch Thamyris): Sänger der Vorzeit (vgl. Homer Il. II, 594 ff.), der sich vermaß, die Musen zu einem Wettstreit herauszufordern, von diesen zur Strafe geblendet und seiner Sangeskunst beraubt.* — „*Unbesonnenheit*": *nüchtern zu bleiben, galt als Besonnenheit, Rausch als Übermut.*

Zu 30. Keltine

„*Herakles*": *hier ist auf eine seiner zwölf berühmten Arbeiten angespielt.* — „*Erytheia*": *Geryones Tochter, nach der die Insel*

bei Cadiz benannt wurde, von der Herakles die Rinder ihres Vaters wegtrieb. — „Geryones": Riese mit drei Leibern auf Erytheia. — „Bretannos": Keltenfürst.

Zu 31. Thymoites

Dieses wunderliche Liebesabenteuer ist auch (vgl. Erz. 15) einer peloponnesischen Sage entnommen.

Zu 33. Assaon

„Niobe": sonst von Leto, bzw. Apollo und Artemis ihrer Kinder beraubt und in einen Felsen verwandelt. — „Tantalos": König in Phrygien, Sohn des Zeus, entwendet den Göttern Ambrosia und Nektar, zur Strafe in die Unterwelt verdammt, kann nicht essen und trinken (Tantalosqualen). — „Leto" (Latona): Gemahlin des Zeus, Mutter von Apollo und Artemis.

Zu 34. Korythos

„Alexandros": Beiname des Paris, Gatte der Helena. — „Tyndaris": (Tochter des Tyndareos) = Helena.

Zu 35. Eulimene

„Termera": Stadt in Lykien (von einem lelegischen Seeräuber Termeros benannt).

Zu 36. Arganthone

„Rhesos": thrakischer Fürst, in der Ilias von Diomedes und Odysseus erschlagen. — „Kios": Stadt in Bithynien.

Verzeichnis der beigefügten Quellenhinweise

Andriskos — außer der Abfassung der „punischen Geschichte" in mindestens zwei Büchern, vom Verfasser sonst nichts bekannt.

Apollonios — der Rhodier, Namen von seinem Aufenthalt in Rhodos erhalten.

'Apaí — Verwünschungsgedicht.

Aristokritos — schrieb „über Milet" und mindestens zwei Bücher gegen Herakleodoros, sonst nicht viel vom Verfasser bekannt.

Aristoteles — der berühmte Philosoph (384—322 v. Chr.), Gründer der peripatetischen Schule; hier wahrscheinlich eine der Schriften über die Verfassung der einzelnen Staaten (Milets?) gemeint.

Asklepiades — aus Myrleia in Bithynien, sehr belesener Philologe, lehrte unter Pompeius in Rom.

Dektadas — unbekannt.

Diodoros — aus Elaia, Verfasser von Epen und Elegien.

Euphorion — aus Chalkis in Euboia (276—205 v. Chr.), seit 224/23 Bibliothekar des Antiochos I., schrieb mythische Epen in schwer verständlicher Sprache.

Hegesippos — aus Mekyberna, Lebenszeit ungewiß, wahrscheinlich aus der ersten Hälfte des zweiten Jahrhunderts, schrieb zwei Lokalgeschichten, eine von seiner Heimat, davon nur Bruchstücke erhalten, und eine von Milet aus der Sagenzeit.

Hellanikos — aus Mytilene auf Lesbos, daher der „Lesbier" genannt (479—405?), fruchtbarer Logograph (Bezeichnung der Geschichtsschreiber vor Herodot), Vorläufer der alexandrinischen Gelehrten.

Hermesianax — aus Kolophon, Elegiendichter, ungefähr zur Zeit Philipps II. und Alexanders des Großen.

Kephalion — aus Gergithos in Troas, Geschichtsschreiber (vielleicht Pseudonym für Hegesianax von Alexandria).

Likymnios — aus Chios, Schüler des Gorgias, Redner und Dithyrambendichter.

Moiro (Myro) — aus Byzantion, Epikerin, neben Sappho und Korinna zu den neun „irdischen" Musen gezählt.

Neanthes — *aus Kyzikos, Rhetor und Geschichtsschreiber, aus der Schule des Isokrates hervorgegangen; hier wahrscheinlich seine „Hellenika" gemeint.*

Nikainetos — *aus Abdera oder Samos, epischer Dichter.*

Nikandros — *aus Kolophon, Grammatiker und epischer Dichter, um 135 v. Chr., viel, aber in zu geschraubtem Stil geschrieben; Verfasser der milesischen Geschichte, sonst unbekannt.*

Phanias — *aus Eresos, Landsmann der Theophrastos, Epigrammatiker.*

Philetas — *aus Kos, Grammatiker und Elegiendichter, eigentlicher Begründer der lyroepischen Poesie der Alexandrinerzeit.*

Phylarchos — *aus Athen, Sikyon oder Naukratis, effekthaschender Schreiber von Sagen, Legenden, Liebes- und Wundergeschichten, Anhänger der spartanischen Reformkönige Agis und Kleomenes.*

Simias — *aus Rhodos (oder Kypros, Kyrene, Argolis u. a.), Grammatiker und Dichter, Sokratesschüler.*

Sophokles — *der berühmte Tragödiendichter (497—406 v. Chr.), die „Euryalos"-Tragödie nur von Parthenios erwähnt.*

Theagenes — *aus Makedonien, schrieb „über Aigina" sowie makedonische und karische Geschichten; sonst wissen wir nichts von ihm.*

Theophrastos — *aus Eresos, Schüler und Nachfolger des Aristoteles (372 [370]—278 [276]), das angeführte Werk „Betrachtungen über die Zeitgemäßen" nicht enthalten.*

Timaios — *aus Tauromenion in Sizilien, Geschichtsschreiber, Verfasser von Wunderbüchern, ungefähr 346—250 v. Chr., Geschichte Siziliens von der ältesten Zeit bis zu den punischen Kriegen (264) nicht erhalten.*

Xanthos — *aus Sardes (Lydien), Geschichtsschreiber seiner Heimat von der Urzeit bis Kroisos Tod, einer der ältesten Logographen.*

Die Motivsammlung des Parthenios

„Der Dichter der (römischen) Liebeselegie brauchte Beispiele, in denen sein eigenes Erleben sich verklärte, und fand sie in der Griechensage. Aber auch für das Heroische waren dort Vorbilder so gut wie für das Ergreifende und Rührende gegeben. Damals verfaßte Parthenios zum Gebrauch für Cornelius Gallus, den Begründer der römischen Elegie, die b e r ü h m t e S a m m l u n g von Geschichten unglücklicher Liebe, die uns durch eine einzige Heidelberger Handschrift (Paradoxographen-Handschrift [Cod. Palat. 398 s. X. — eine alte, überaus schöne Miscellan-Handschrift]) erhalten blieb", soweit Ludw. Radermacher in „Mythos und Sage bei den Griechen" (S. 146).

Parthenios von Nikaia, ein kleinasiatischer Grieche, Sohn des Herakleides und der Euodora, der 73 v. Chr. im Mithridatischen Krieg, nach Eroberung seiner Vaterstadt durch Barbar, den Legaten des Lucullus, als Gefangener nach Rom kam, und den wir als Lehrer Vergils (dieser hat in Georgica I 437 einen Vers des P. [Fragment 33] übersetzt) kennen, fristete wahrscheinlich als Freigelassener des Helvius Cinna, des Vaters des Dichters C. H. Cinna, sein trauriges Leben als Klient, Dichter und Anreger. Er hat neben etwas weitschweifigen „Metamorphosen", die uns nicht erhalten sind, drei Bücher Elegien über den Tod seiner Frau Arete sowie aus anderem persönlichen Erleben, von denen wir nur Bruchstücke kennen, gedichtet; für sich und seinen Freund und Dichterkollegen hat er Motive von 36 Liebesabenteuern gesam-

melt. *Aus Stück 11 erfahren wir, daß er auch die Geschichte von Byblis und Kaunos in Hexametern behandelt hat. Ein Urteil über die Art seiner Poesie, seines Stiles und seiner Darstellung ist nicht möglich — jedenfalls war er der Vermittler höchstentwickelter, überfeinerter hellenistischer Poesie an die zur Nachahmung schon reifen Römer. Er hat den Römern die alexandrinische Poesie und ihre gelehrten Quellen vermittelt, wie auch die 36 erhaltenen, stofflich etwa entlegenen Geschichten von der Liebe Leid beweisen.*

Diesen hellenistischen Erzählungen eignet eine Vorliebe für traurige und schwermütige Sagen, wodurch manche alte Sage fremde Züge erhielt. Befriedigenden oder versöhnlichen Ausgang haben in der Sammlung des Parthenios nur zwölf Erzählungen, alle anderen Geschichten nehmen ein düsteres und blutiges Ende (Opferung der Tochter [35], Tötung der Enkelkinder [33], Schlachtung des Bruders [33], Tötung des Sohnes [33 und 34], des Vaters [3 und 5], der Mutter [25], unzählige Selbstmorde durch Erhängen, Ertränken, Herabstürzen u. a.). Elf der Geschichten tragen männliche Namen, obwohl in manchen Fällen die Hauptperson eine Frau ist, z. B. in 33 (Niobe). In fast einem Drittel der Erzählungen geht auch die Initiative zur Liebe von der Frau aus.

Die Handlung und die Vorfälle werden von Parthenios knapp, einfach und unpersönlich nacherzählt. Dieses Büchlein war nicht für das Publikum bestimmt und hatte daher auch ursprünglich keinen Titel. Dieser und die den Erzählungen oft beigefügten

Quellenangaben stammen von einem gelehrten Abschreiber, der sie später, und zwar meist richtig, hinzugefügt hat. Wenn gelegentlich Fehler vorkommen, so sehen wir daraus wenigstens, welche Schriftsteller ähnliche Themen behandelt haben. Seine Quellen sind nicht mythographische Handbücher, sondern verschiedene Dichter und Historiker, das uns Erhaltene ist aber oft nur ein Auszug aus dem Original.

Die Sammlung des Parthenios hat nicht nur eine bedeutende Vermittlerrolle zwischen alexandrinischer und römischer Poesie gespielt, sondern ist auch für die erotische Mythen- und Volkssagengeschichte von bleibendem Wert.

Nachwort

Zu dieser Übertragung wurde ich durch das Werk meines Lehrers, des Herrn Univ.-Prof. Dr. Ludw. Radermacher, „Mythos und Sage bei den Griechen", sowie durch Erwin Rohdes „Der griechische Roman und seine Vorläufer" angeregt. Meinem Lehrer Ludwig Radermacher danke ich an dieser Stelle besonders für die freundliche Durchsicht des Manuskriptes und für seine zahlreichen wertvollen Hinweise. Als Textvorlage diente die Ausgabe Edgar Martinis Parthenii Nicaeni quae supersunt in: Mythographi Graeci, Vol. II. Fasc. I. Supplem. (1902). Berücksichtigt wurden Fr. Zimmermanns Aufsatz über die Widmung an Cornelius Gallus im „Hermes", Bd. 69, 1934, S. 179 ff., Susemihls Geschichte der griechischen Literatur in der Alexandrinerzeit u. v. a.

Dr. W. P.

Reihenfolge der Erzählungen

DIE TUSCULUM-BÜCHER

Antike Autoren im Urtext mit deutscher Übertragung

Aesop: *Fabeln*
ed. Hausrath, 152 S., 3. Aufl.

Aischylos: *Die Perser*
ed. Lange, 104 S., 3. Aufl.

Alkiphron: *Hetärenbriefe*
ed. Plankl, 100 S., 4. Aufl.

Aristoteles: *Biologische Schriften*
ed. Balss, 304 S.

Euripides: *Medea*
ed. Lange, 120 S.

Evangelium
ed. Aland, 320 S.

Froschmäusekrieg
ed. Scheffer, 64 S.

Griechische Gedichte
ed. Rüdiger, 368 S., 3. Aufl.

Heraklit: *Fragmente*
ed. Snell, 44 S., 5. Aufl.

Lukian: *Hetärengespräche*
ed. Plankl, 108 S., 2. Aufl.

Lukian: *Tod des Peregrinus*
ed. Wilh. Nestle, 56 S.

Plato: *Gastmahl*
ed. Boll, 160 S., 5. Aufl.

Plutarch: *Liebe und Ehe*
ed. Sieveking, 184 S.

Sappho: *Gedichte*
ed. Rupé, 72 S., 2. Aufl.

Die sieben Weisen
ed. Snell, 184 S., 2. Aufl.

Solon: *Dichtungen*
ed. Preime, 68 S., 3. Aufl.

Sophokles: *Antigone*
ed. Barthel, 122 S., 2. Aufl.

Theophrast: *Charaktere*
ed. Plankl, 88 S., 4. Aufl.

Apuleius: *Amor und Psyche*
ed. Ronge, 144 S.,
mit: Musaios: *Hero und Leander*

Augustus: *Meine Taten*
ed. Gottanka, 82 S., 3. Aufl.

Catull: *Sämtliche Gedichte*
ed. Schöne, 200 S., 3. Aufl.

Cicero: *Meisterreden*
ed. Horn-Siegert, 348 S.

Corpus Juris
ed. Düll, 260 S.

Horaz: *Oden und Epoden*
ed. Burger, 296 S., 5. Aufl.

Horaz: *Satiren und Briefe*
ed. Schöne, 400 S., 2. Aufl.

Juvenal: *Satiren*
ed. Plankl, ca. 320 S.

Lateinische Gedichte
ed. Rüdiger, 340 S.

Martial: *Sinngedichte*
ed. Rüdiger, 284 S.

Ovid: *Briefe der Leidenschaft*
ed. Gerlach, 320 S,

Ovid: *Liebeskunst*
ed. Burger, 240 S., 6. Aufl.

Pompejanische Wandinschriften
ed. Geist, 108 S.

Sallust: *Catilina*
ed. Schöne, 108 S., 2. Aufl.

Tacitus: *Agricola*
ed. Sieveking, 244 S., 2. Aufl.

Tacitus: *Germania*
ed. Ronge, 160 S., 5. Aufl.

Tibull: *Elegien*
ed. Fraustadt, 144 S.

(Ekkehard): *Waltharilied*
ed. Ronge, 108 S.

Arzt im Altertum
ed. Müri, 216 S., 2. Aufl.

Antike Briefe
ed. Hofmann, 144 S.

Antike Weisheit
ed. Heimeran-Hofmann, 152 S.,
5. Aufl.

*Goethes und Schillers
Übersetzungen*
ed. Rüdiger, 464 S., 2. Aufl.

Hellas
(Reiseführer aus antiken Quellen)
ed. Reutern, 288 S., 2. Aufl.

Viele Bände vergriffen · Einige im Neudruck

www.ingramcontent.com/pod-product-compliance
Lightning Source LLC
Chambersburg PA
CBHW070337100426
42812CB00005B/1356